知識ゼロからの 経理の仕事

WORK OF ACCOUNTING

近藤仁
高橋和徳（税理士）

- 買掛金と未払金
- 原価管理の基本
- 減価償却の仕組みと処理
- たな卸の仕組み
- 所得税・住民税の徴収と納付
- 連結決算の仕組み
- 交際費と会議費
- 現預金の管理
- 変動経費
- 請求と入金
- 小切手、受取手形の回収
- 売上集計のポイント
- 給与の計算
- 固定資産の種類と管理
- 社会保険の処理方法

WORK OF ACCOUNTING

知識ゼロからの
経理の仕事

幻冬舎

はじめに

「経理の仕事」は、野球チームのスコアラーにたとえることができる。根性野球からデータ野球に変貌するなかで、現在の野球はスコアラーのデータを重視した戦いとなっている。スコアラーは、野球のルールを熟知し、投手の投げるボールの球種やコースを的確に記録する。そして、打者には狙うべき球を助言し、監督にも成功確率の高い作戦を進言する。スコアラーはチームの頭脳であり、スコアブックを記帳するだけではなく、それを読み解き、的確な情報のなかから分析や提案、進言を行うことが求められる。監督とチームにとって、重要な役割を担う仲間である。

会社における「経理の仕事」も、スコアラー同様、経理財務の専門知識を熟知し、会社のおかれている状況を記録、把握し、会社内の各部門に助言、提案する。そして、ときには社長にも進言する。経理部門は売上や在庫の集計だけをする単なる計算屋、帳簿屋ではない。

はじめて「経理の仕事」に就くときは、ボール拾いやグラウンド整備もやらされるかもしれない。しかし、これは現場を知るチャンスであり、また、ときには辛抱も必要である。本書では、簿記の基礎知識から、日常業務におけるさまざまな対処法までを、経理初心者向けにコンパクトにまとめて解説した。本書をきっかけに、まずは、「経理の仕事」は「おもしろそうな仕事」との印象を抱いていただければ、幸いである。

2010年9月　近藤仁・高橋和徳

知識ゼロからの経理の仕事　目次

はじめに……………………………………………………………………… 1

経理の仕事とは？…………………………………………………………… 8
経理部員に要求されるセンスとは？……………………………………… 10

第一章　経理の基本常識 …………………………… 12

会社の経営理念、経営方針、経営戦略を理解する……………………… 14
ビジネスモデルを正しく理解する………………………………………… 16
会社の組織（機関）を理解する…………………………………………… 18
機密保持を厳守する………………………………………………………… 20
パソコンの操作と管理……………………………………………………… 22
社会の経理法令、規則を理解する………………………………………… 24
社内の仕組みとルールを理解する………………………………………… 26
年間の業務スケジュール…………………………………………………… 28
毎月、毎日の業務スケジュール…………………………………………… 30

第二章 簿記と決算書の基本 ……………………… 32

簿記の基本
- 簿記のルール①（売上の仕訳）……………………………………… 34
- 簿記のルール②（仕入、経費の取引）……………………………… 36
- 簿記のルール③（元帳から決算書まで）…………………………… 38
- 簿記のルール④（キャッシュフロー計算書）……………………… 40
- 勘定科目は５つのグループに集計される ………………………… 42

決算書の基本
- 決算書は何のために必要なのか……………………………………… 44
- 貸借対照表に書かれている内容とは………………………………… 46
- 損益計算書に書かれている内容とは………………………………… 48
- 決算書からどのように「利益」を見るか…………………………… 50

第三章 経理の仕事 〜日常の業務〜 …………… 52

支払いから生まれる仕事

- 現預金の管理（現金出納）……………………………………… 54
- 振り込み、送金（銀行預金管理）……………………………… 56
- 小切手、支払手形のルール……………………………………… 58
- 支店での出納、金庫管理のポイント…………………………… 60
- 経費の分類（科目の種類）……………………………………… 62
- 変動経費と固定経費……………………………………………… 64
- 交際費と会議費…………………………………………………… 66
- 租税公課と寄付金………………………………………………… 68
- 報酬等の源泉徴収………………………………………………… 70

売上と回収から生まれる仕事

- 売上集計のポイント……………………………………………… 72
- 請求と入金（売掛金管理）……………………………………… 74
- 取引先の信頼性を見る「債権信用管理」……………………… 76
- 小切手、受取手形の回収………………………………………… 78
- 外国の企業との取引（外国為替業務）………………………… 80

仕入と購買から生まれる仕事

- 買掛金と未払金…………………………………………………… 82
- 在庫管理の仕組み………………………………………………… 84
- 原価管理の基本…………………………………………………… 86
- 在庫評価方法……………………………………………………… 88
- たな卸の仕組み…………………………………………………… 90

第四章 経理の仕事 ～人に関する業務～ ………… 92

人から生まれる仕事
- 「人」に関するコストとは？ ……………………………………… 94
- 給与の計算………………………………………………………… 96
- 社会保険の処理方法……………………………………………… 98
- 所得税、住民税の徴収と納付…………………………………… 100

給与計算以外から生まれる仕事
- 賞与と退職金の処理方法………………………………………… 102
- 福利厚生費の範囲………………………………………………… 104
- 役員報酬の条件…………………………………………………… 106
- 年金の種類と処理方法…………………………………………… 108

第五章 経理の仕事 〜設備投資、資金管理、利益管理に関する業務〜 110

設備投資の管理から生まれる仕事

 固定資産の種類と管理……………………………………… 112
 減価償却の仕組みと処理…………………………………… 114
 リースとレンタルの違いと仕組み………………………… 116
 無形固定資産の評価と処理法……………………………… 118

資金の管理から生まれる仕事

 資金繰りの基本と資金計画………………………………… 120
 資金調達をするときのポイント…………………………… 122
 投資有価証券の評価（子会社などへの出資）…………… 124

利益の管理から生まれる仕事

 事業計画の立案、予算の作り方…………………………… 126
 予算と実績を比較・分析する「予算管理」……………… 128
 「損益分岐点」の分析と活用 ……………………………… 130
 経営管理指標の種類と活用………………………………… 132
 連結決算の仕組み…………………………………………… 134

第六章 経理の仕事 〜納税、出資者に関する業務〜 …136

納税から生まれる仕事
　税制の理解と税金の種類……………………………………… 138
　法人税の算出と申告…………………………………………… 140
　法人事業税と法人住民税……………………………………… 142
　消費税の仕組みと扱い方……………………………………… 144
　固定資産税などその他の税金………………………………… 146
　税務調査の準備と対処法……………………………………… 148
　税効果会計の処理法…………………………………………… 150

出資者（株主）への説明から生まれる仕事
　株主総会と決算作業…………………………………………… 152
　利益処分（配当金の支払い）………………………………… 154
　法令遵守と内部統制…………………………………………… 156
　監査の種類と機能……………………………………………… 158

おわりに…………………………………………………………… 160

索引………………………………………………………………… 161

経理の仕事とは?

　すべての会社にとって必要不可欠な仕事、それが「経理の仕事」であるが、「経理の仕事」と聞いて、どのような業務を思い浮かべるだろうか。一般的には、毎日のお金の勘定、出納業務、帳簿作成、簿記などが経理の仕事と思われていることが多いようだ。

　しかし、本来の経理の仕事とは「経営管理」のことである。数字を〝ものさし〟として経営を管理することこそが、経理の真髄だといえるだろう。

　最初は、ただ言われたとおりに帳簿を作成しているだけかもしれないが、この「経理の目的」を再確認することによって、日々の業務もどのような姿勢で取り組むべきかがわかってくるのである。経理部門の人は簿記や税法、会社法などに精通していることも要件であるが、はじめに事業内容を十分理解しておくことが最も重要だといえるだろう。

　つまり、会社の取引を、一定のルールに基づいて共通の枠組みに落とし込み、最終的に経営をサポートしていくのが「経理の仕事」だといえよう。

経理においては事業の結果を数値に集計していく作業が日々の仕事になる

そのためには取引内容をよく理解しておくことが欠かせない

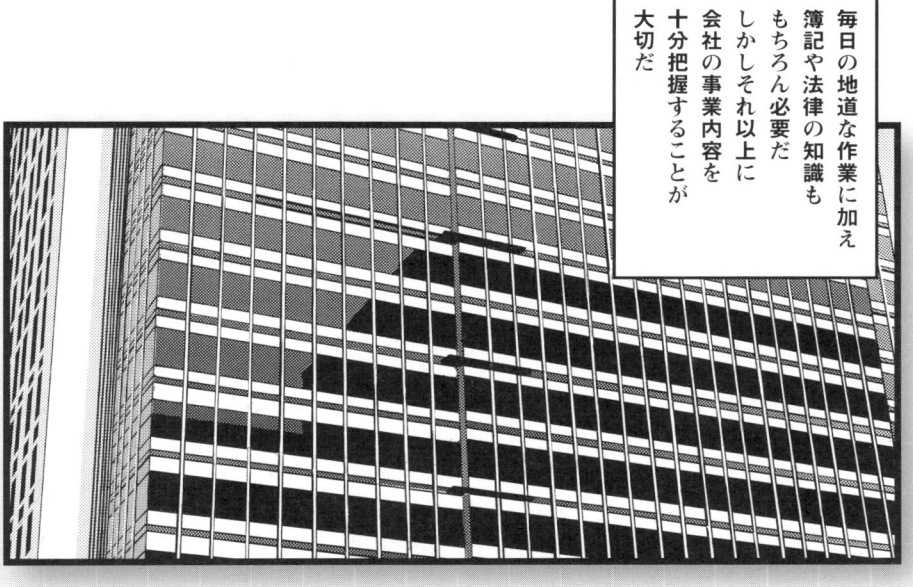

毎日の地道な作業に加え
簿記や法律の知識も
もちろん必要だ
しかしそれ以上に
会社の事業内容を
十分把握することが
大切だ

なぜなら
会社の事業の結果を
測定することにより
経営をサポートして
いくことこそが

本来の
「経理の仕事」
だからだ

経理部員に要求されるセンスとは？

　経理部門で働く者は、他の部門の者に比べて異なる独特のセンスを持っていることが多い。
　「数字に慣れろ」とは、経理の先輩がよく言う言葉だが、経理部員として仕事を覚える初期の段階で、数字を集計する、突き合わせをするなどの、単純と思われる作業を反復して行うことによって、徐々に数字に強くなっていくのである。「経理屋」「数字屋」といわれるのも、このためである。
　知識ゼロから始める最初の「経理の仕事」とは、「単純な数字の集計作業」なのである。

単純と思われる集計作業やわずかと思われる「1円」の差額を時間をかけてでも追求することは経理のセンスを育てるためにも必要だ

☞ 経理部員はここが違う！☜

☐ 億単位の数字も一見しただけで覚えられる

☐ 覚えた数字を簡単には忘れない

☐ 会社の業績など、数字について関心が高い

☐ コストや利益へのこだわりが強い

☐ アナログよりもデジタルな数字による分析に説得力を感じる

☐ 毎日の株価や為替の動きが気になる

☐ 毎年の税制改正や会計基準の変更などの新しい数字情報に敏感である

第一章

経理の基本常識

　経理の仕事は会社の仕事から発生する。そのためにも、会社についての基本常識を理解することは避けては通れないのである。
　第一章では、会社の運営に関する常識や、経理と会社経営との関係、経理に関しての社内外の一般ルール、年間・月間スケジュールなどについて説明していこう。

- 会社の経営理念、経営方針、経営戦略を理解する …14
- ビジネスモデルを正しく理解する……………………16
- 会社の組織（機関）を理解する………………………18
- 機密保持を厳守する……………………………………20
- パソコンの操作と管理…………………………………22

- 社会の経理法令、規則を理解する…………… 24
- 社内の仕組みとルールを理解する…………… 26
- 年間の業務スケジュール……………………… 28
- 毎月、毎日の業務スケジュール……………… 30

経理部員の心得

判断に迷うときは、会社の経営理念に立ち戻ると正しい判断ができることもある

会社の経営理念、経営方針、経営戦略を理解する

会社の業務を回す原動力となる経理の仕事

　会社には、経営理念や経営方針が存在する。短く集約された経営理念の中に、会社の目的や、なぜそのような理念があるのかなどの背景があるのだ。

　これらは、すべて経理の仕事に大きな関わりを持つことになる。経営戦略の立案と実行、その結果の把握、予算と実績の差異の検証、経営戦略の見直しなどが、会社の業務サイクルとして行われる。「**Plan**」「**Do**」「**Check**」「**Action**」の経営サイクルである（「**PDCAサイクル**」と呼ばれる）。これらのサイクルを回すには、経理の数値が〝ものさし〟となるのだ。

経営サイクルの循環図

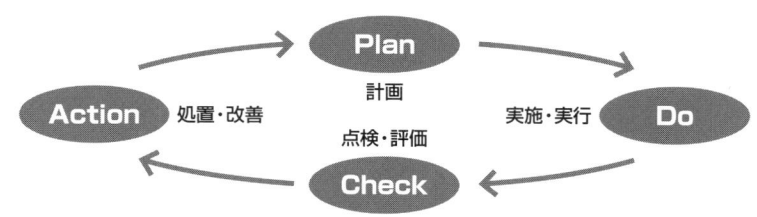

Plan（計画）	従来の実績や将来の予測などをもとに目標を設定し、それを実現するための業務計画を設計する。
Do（実施・実行）	計画に基づいて業務を実行する。
Check（点検・評価）	計画に沿った業務の実行がされているか、結果と目標を比較し、評価・分析する。
Action（処置・改善）	実施が計画に沿っていない部分や、改善・向上に向けて必要なものを調べて処置をする。

経営理念、経営サイクルと経理の関わり

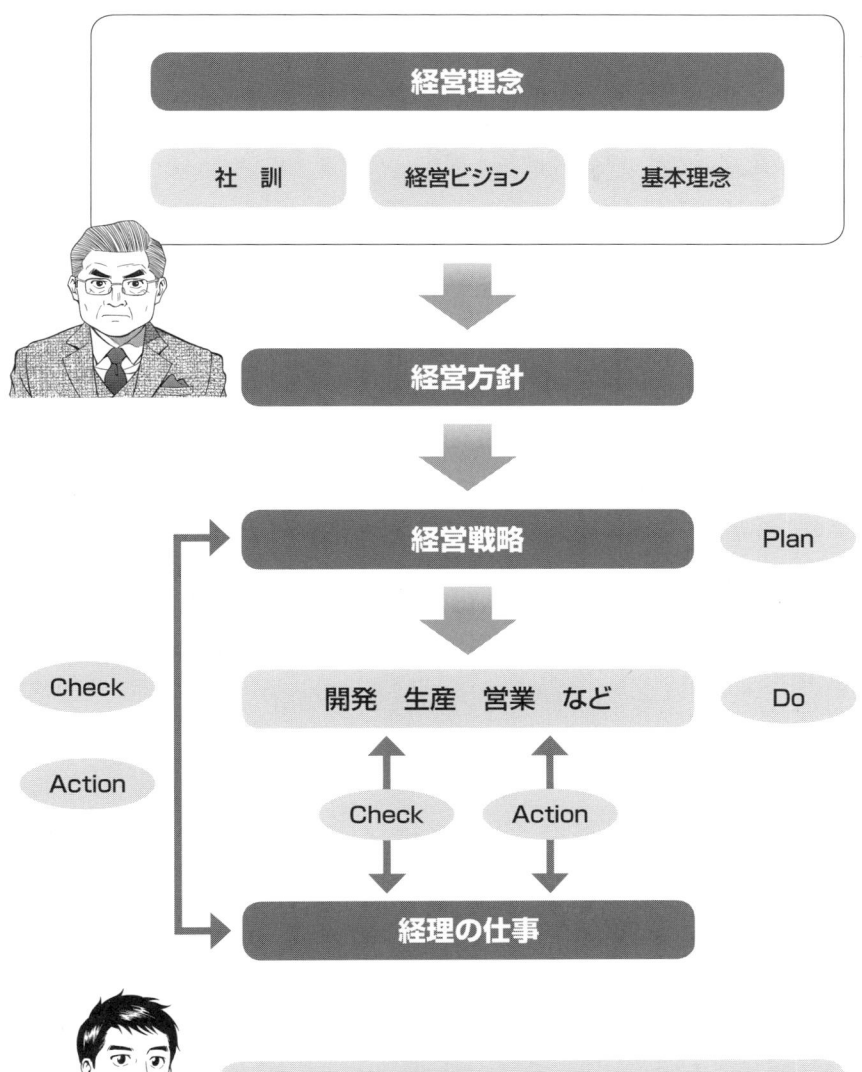

経営理念は、「**社訓**」「**経営ビジョン**」「**基本理念**」などともいわれている。これらの理念に基づいた経営方針があり、会社は経営方針に基づいた活動を行うわけだ。

経理部員の心得

経営をサポートするためには
まずは自社のビジネスモデルを把握しよう

ビジネスモデルを正しく理解する

「どのような商品やサービス」を「どのような販売方法」で「どのような顧客」に売っているのかを理解することが肝心なんでっせ

ビジネスモデルをきっちり理解することが重要と違いますか？

何を、どうやって、だれに売る？

　会社にはそれぞれ、異なった仕事のやり方がある。たとえば、製造業か販売業かによって、経理の仕事も異なってくる。

　製造業であれば、生産した製品のコストを正しく管理するための仕事があり、販売業であれば、仕入をした商品をどのように売るかの販売管理の仕事がある。また、お金を回収するタイミングや支払うタイミング、在庫保有量などを考える仕事も必要だ。

　これらの舵取りをどのように行うかは経理の腕の見せ所だ。まずは、会社の**ビジネスモデル**を正しく把握し、その中で、強い点や改善点を、数値をもとに見つけていくこと、そして、見つけた課題を改善していくことなどは、経理の重要な機能といえるだろう。これらは、主に**管理会計**の領域といわれ、会社の経営戦略とも密接に結びついている。

ビジネスモデルの例

すべてのプロセスが経理と関連している。

| どのような商品・サービスを提供しているのか？ | × | どのような方法で提供しているのか？競合相手は？ | × | だれが顧客か？どのような市場に進出しているのか？ |

企画 → 開発 → 生産 → 販売

会社のビジネスモデルにより仕事の内容も異なるので、自分の会社のビジネスモデルを正しく理解することが重要だ。

業種別の経理の仕事の特徴

	製造業	販売業
業種	(工場)	いらっしゃいませ
経理の仕事	・原価管理 ・投資管理　など	・販売管理費管理 ・受発注 ・在庫管理　など

経理部員の心得

まずは、会社の組織を正しく理解して、売上や利益を正しく測定できるようになろう

会社の組織（機関）を理解する

全社目標達成のためには組織ごとの目標達成が必要だ！

そのために組織ごとの目標管理を行うんだ！

組織の性質に即した業務を行う

　組織とは、会社の経営戦略を実現するために作られるものである。会社の規模が大きくなると、組織ごとに売上責任や利益責任なども追求される。そのため、経理は組織ごとの売上や利益が正しく測定できるように、部門コードなどを使った数値の集計を行う必要がある。

　まず、会社の組織を正しく理解することが、経理の仕事にとっては重要だといえよう。**株主総会**、**取締役会**など、法律で定められた会社組織をもとに、事業運営のための内部の組織が作られ、さらに、地域別組織、商品別組織、事業部別組織など、さまざまな形態が作られる。まず、自分の会社の組織形態がどのようなものであるのかを理解することが大切だ。

会社の組織（機関）

経営理念　経営方針　経営戦略

↓

株主総会

監査役・監査役会

取締役・取締役会

社　長

研究開発部　事業部　総務部　経理部

経費管理や原価計算をその組織ごとに集計する場合もあるので、経理部員は、会社の組織構成を知っておかなければならない。

第一章　経理の基本常識

経理部員の心得
会社の経理情報は、重要な機密情報である場合が多いことを忘れないように

機密保持を厳守する

機密情報は社外への漏洩を避ける

　経理の仕事は、会社の機密情報に触れることが頻繁にある。商品ごとの原価や粗利（あらり）、それにかけるコスト、最終的な利益など、これらはすべて、会社の**機密情報**であるといえる。

　本来、すべての会社は、年に1度は会社の決算書を公開しなければならないが、現実問題として、自社の決算書を公開している会社はきわめて少ない。顧客に個々の商品の粗利などが伝わると、引き下げを要求されるなど、価格戦略に影響がでるので、当然ながら開示したくない情報だといえる。

　競合会社から見れば、他社がどのような商品でどのような利益をあげているのかを知ることができれば、戦略を変えることもあり得るのだ。そのため、会社の経理情報は、きわめて重要な機密情報だといえる。

経理担当者が注意すべき情報

- 商品ごとの原価、粗利
- 給与などの人事情報
- 未公表の新商品の情報、研究開発情報
- 未公表のインサイダー情報

上場会社の情報開示も戦略的に行うべきで、何もかも開示する必要はない。

Check! 機密情報は社内の他部門への漏洩にも気をつけよう

　株式上場している会社は、定期的にさまざまな情報を開示している。それが開示される前に、重要な情報をもとに株式の売買で利益を得ることは、インサイダー取引として厳しく監視されている。

　機密情報は、社外だけでなく、社内の他部門への漏洩にも注意して扱うことが求められるのだ。

経理部員の心得

会社のパソコンを私用で利用することをやめる

パソコンの操作と管理

複数人の確認がないと操作できないなどセキュリティを万全に

　現在の経理部門は、パソコンなしでは仕事にならないだろう。
　小規模の会社でも、市販の会計ソフトを購入してパソコンを使用していることが多い。規模の大きな会社では、社内LANなどでネットワークを作り、多くのパソコンが導入されている。
　いずれの場合でも**ID**や**パスワード**の管理を厳重に行うことや、データのバックアップをこまめに取るなど、**機密保持**やデータ管理に注意が必要だ。ウィルス対策やデータ保管などにも、注意しよう。

経理部門でのパソコン管理

ID・パスワード管理

特定の人しか操作することができないように、IDやパスワードを設定しておこう。また、常に同じパスワードではなく、たとえば3か月おきに変えるなど、一定期間ごとに変更したほうが良い。

パソコンは便利だが、その分さまざまなリスクも生じてくる。特に機密情報を扱う経理部門においては、パソコンの管理には十分に注意しよう。

インターネットの セキュリティ管理・ウィルス対策

インターネットを通じて外部からファイルデータを盗まれた、または、気づかずメールを開いたら、ウィルスに感染してしまったなど、さまざまなリスクが考えられる。万全のセキュリティ管理が必要である。

バックアップなどの セキュリティとリスク管理

パソコンに保存しているからといって、安心してはいけない。パソコンが壊れてしまったり、ウィルスに感染してしまったら、データも消えてしまうのだ。そのような事態に備えて、必ず別のメディアにバックアップを取っておこう。

Check! インターネットバンキング

パソコンでインターネットバンキングなどを行う会社も増えてきている。特に、送金などの重要なパソコン操作には、パソコンごとに認証をかけることや、必ず複数人が関与しないと操作できないなど、社内での複数人による確認が求められ、かつ、だれかがひとりで自由に操作できないような仕組みを作ることが必要だ。

経理部員の心得

さまざまな法律があるが、1つずつ理解していこう

社会の経理法令、規則を理解する

法に則って財務諸表を完成させる

会社法とは、すべての会社が守るべき法律である。もともと、明治32年に策定された商法の中に会社法が存在した。そして、平成18年の大改革により独立した法律となった。その中で、財務諸表の作成などの規則がうたわれている。

これら規則のもととなっているのが、**企業会計原則**である。企業会計原則とは、一般に公正妥当と認められた会計実務に基づく慣習に則(のっと)ったルールであり、7つの一般原則から構成されている（右図参照）。

上場していない会社の多くは、銀行や主要取引先以外に決算書を公開していない。しかし、どのような会社でも、税金の申告、納税は義務であり、税法に基づく決算書は必要となるのだ。

主に株式上場会社向けに金融商品取引法という投資家を保護するための法律もある。

上場会社はこの法律にも従わなければならないんだ。

社会の経理法令、規則

企業会計原則
一般に公正妥当と認められた会計基準をいう。昭和24年に制定されたもので、企業会計の憲法のようなものである。

法人税法
会社の利益（所得）への課税に関する法律。サラリーマン、個人事業者の利益（所得）には、所得税法がある。

金融商品取引法
旧証券取引法が、平成19年に金融商品取引法に改正された。株式、公社債などの有価証券の発行や売買等に関する開示などを規定している。

会社法
会社の設立、解散、組織運営、資金調達管理などについて規律する法律。

このように、会社はさまざまな法律に則って運営されているのよ。

企業会計原則の7つの一般原則

企業会計原則は、以下の7つの原則から成り立つ。

真実性の原則	財政状態・経営状態に関して真実の報告を提供する
正規の簿記の原則	適正な会計処理に基づき、正確な会計帳簿と財務諸表を作成する
資本取引・損益取引区分の原則	資本の増減の取引と、損益取引を区別する
明瞭性の原則	必要な会計事実を明瞭に表示する
継続性の原則	いったん採用した会計原則・手続方法を毎期継続して適用する
保守主義の原則	財政に不利な影響を及ぼさないように、慎重な会計処理を行う
単一性の原則	会社で作成する会計記録は1つである必要がある

経理部員の心得

社内の予算管理の仕組み作りや取引の運用状況も確認しよう

社内の仕組みとルールを理解する

社内の責任規定、経理規定を理解する

会社が小さいうちは、すべてのことを社長が決めているだろう。しかし、会社規模が大きくなってくると、社長がすべてを決めるのには無理が生じてくるため、ある程度の責任や権限が、部長などに委譲されることになる。

その場合、**取締役会規定**や**決裁権限規定**などを事前に策定しておき、ルールを明確にしておくことが重要だ。また、これらを統制するためには、部署ごとの年間経費予算などを策定し、その範囲内で運用していくといった、予算管理の仕組み作りも重要となってくる。

決裁権限規定の例

決裁権限規定とは、職務ごとに決裁できる権限をまとめたものである。
会社により、責任権限規定やアプルーブ・ルールなどと呼び名はさまざまである。

支払権限者（部長）

部長決裁が可能な場合、部署ごとに稟議書※などを作成し、承認を受ければ、たとえば1回1万円までの取引先との食事や10％までの値引きなどは部長が決められる、といった決定が可能になってくる。

取引先との食事代	値引き
1回1万円まで	10％まで

※稟議書…書面にて意思決定を決議し、記録するための社内資料

決議の方法

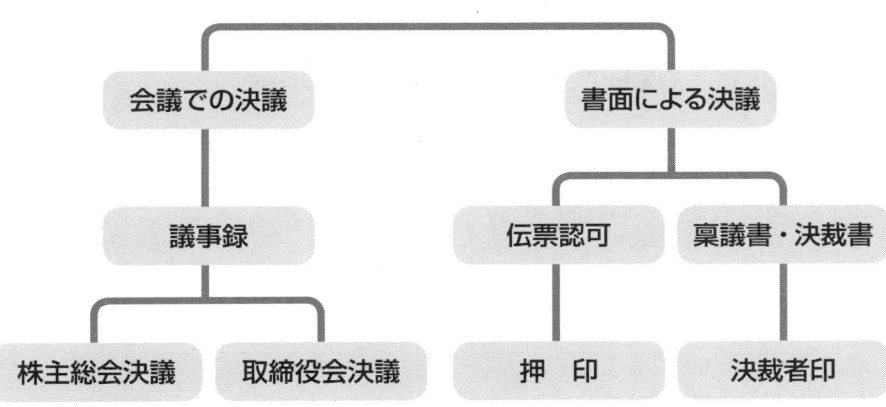

決議の方法には、会議にて審議する議題と、書面を該当部門に回覧して書面決定する議題とがある。

ん？この交際費 課長決裁の枠をオーバーしてないですか？

予算も限られていますし なんて言われるかわからないですよ

経理部門は、取引の度に、伝票などで出納や記帳などを行うが、その取引が会社のルールどおりに運用されているかを確認するのも、経理の仕事のうちだ。

経理部員の心得

多くの会社は、3月〜6月ぐらいまでが最も忙しい

年間の業務スケジュール

3月決算の場合 3月から6月にかけて決算作業をしなければならないが同時期に税務申告書の作成も行わなければならない

日々の仕事に加えて決算作業と税務申告も行わなければならないから当然忙しくなるわけだ

決算書の作成と税務申告書の提出

　日本では、3月決算の会社が一番多い。3月決算の会社の場合は、3月から6月ぐらいまでが最も忙しい期間となる。なぜならその期間は、**決算書**の作成期限や**税務申告書**の提出期限があるからだ。

　公開企業には、4半期決算の導入もあり、年中決算作業をしているという会社もある。税金や社会保険関係は役所が相手なので、業務ごとに決められたスケジュールもある。1月には、**償却資産税**の申告、**法定調書**の提出、**給与支払報告書**の提出などがあり、7月には、社会保険の**標準報酬月額**の手続きなどがある。12月には、従業員の**年末調整**などもある。年度初めに仕事のスケジュールを組んでおくのがいいだろう。

経理部員の年間の業務（3月決算の場合）

1月	償却資産税の申告／法定調書／給与支払報告書
2月	
3月（繁忙期）	予算計画の承認／決算準備指示／実地たな卸
4月（繁忙期）	決算作業
5月（繁忙期）	計算書類等の作成
6月（繁忙期）	税務申告・納税／株主総会の開催／配当金の支払い
7月	標準報酬月額の手続き
8月	
9月（繁忙期）	中間決算の準備／下期予算計画の見直し
10月（繁忙期）	中間決算作業
11月（繁忙期）	中間申告・納税
12月（繁忙期）	年末調整

公開企業であれば、決算後1か月以内に決算発表をする会社が増えている。中小法人の場合は、税務申告書の提出期限が決算後2か月以内のため、これに合わせて決算作業を完了させる会社がほとんどだ。

7月、8月と少しのんびりできるけど、9月から中間決算作業もあるのよ。

経理部員の心得

小口現金の管理は毎日1円まで帳簿と合わせる

毎月、毎日の業務スケジュール

毎日の仕事の積み重ねが月次決算を早く仕上げることにつながるんだ

後でまとめてやろうなんて思ってはだめだ

毎日1円までお金を合わせ、その積み重ねが月次決算になる

　経理の毎月の仕事は、月に1度の月次決算や、給与・資材・経費などの支払日に合わせて仕事のスケジュールを組んでいく必要がある。たとえば、経費の支払業務だと、支払日があればその何日前までに検収(けんしゅう)を終わらせたり、支払データを作成したりということを、あらかじめ決めておかなければならない。給与支払なども同様だ。**月次決算**は、翌月月初になるべく早く作成することに意味があるので、そのために月末までに何をすべきか、毎月のたな卸(おろし)はどうするのかなどを決めておき、関係者に徹底しておく必要がある。

　一方、毎日の仕事は、時間ごとにスケジュールを決めてこなしていく必要がある。たとえば、出納は何時まで行い、何時に締める、伝票入力は何時までに行う、といった具合だ。特に、**小口現金**(こぐちげんきん)の管理などは毎日行うべきものだ。毎日1円までお金を帳簿と合わせておくのが基本作業となる。毎日の仕事の積み重ねが月次決算を早く仕上げることなどにもつながっていくのだ。

毎日の業務・毎月の業務

毎日の業務

- 現金・預金の残高確認
- 出納業務
- 各種の支払業務
- 受注・出荷・売上の集計
- 伝票の起票・整理
- 小切手・手形の振り出し
- 請求書の発行
- 総勘定元帳・補助簿への転記

毎月の仕事は、月次決算や各支払日に合わせて業務スケジュールを組んでいく。

毎月の業務

上旬	中旬	下旬
帳簿の締切 試算表の作成 月次決算書の作成 資金繰り表の作成	源泉所得税の納付 （10日） 原価計算 （製造業の場合）	給与計算・支給 社会保険料の納付 そのほか、請求書など の作成

 ## 月次決算の目的

会社が儲かっているか、目標を達成しているかなどを、日々把握するために翌月月初に月次決算書を作成する。毎月の進捗管理の積み重ねが重要なのである。

第一章 経理の基本常識

第二章
簿記と決算書の基本

　簿記は、経理の仕事をするうえで欠かせない技術である。地道な作業であるが、決算書を作成するには、簿記の知識は必須だ。
　第二章では、簿記のルールと決算書の仕組みを、ある会社S社の取引を例にあげ、入門者のために簡単に説明していこう。

本章の舞台となる S社の1年間の取引内容

- S社は、今期資本金500万円で設立された。
- 売上2,000万円、仕入原価1,200万円で、800万円の粗利がある。
- 給料400万円を支払い、400万円の利益となっている。
- 資本金以外にも500万円の借入を行っている。

本章では、このS社におけるいくつかの取引について仕訳説明をしている。読み進めながら、最終的にS社の決算書を作成してみよう。

> 売上が2000万円 仕入1200万円 差し引くと商品を売ることによる利益は800万円だ

> そして 給料400万円を引いても400万円の利益が出る

> S社は資本金500万円だがその他に500万円の借入金がある

> これを決算書に反映させるにはまず何から始めればいいんだ?

簿記の基本

簿記のルール①（売上の仕訳）………………………………………… 34
簿記のルール②（仕入、経費の取引）………………………………… 36
簿記のルール③（元帳から決算書まで）……………………………… 38
簿記のルール④（キャッシュフロー計算書）………………………… 40
勘定科目は5つのグループに集計される ……………………………… 42

決算書の基本

決算書は何のために必要なのか………………………………………… 44
貸借対照表に書かれている内容とは…………………………………… 46
損益計算書に書かれている内容とは…………………………………… 48
決算書からどのように「利益」を見るか……………………………… 50

簿記の基本

>>>>> 簿記のルール <<<<<

お金が増えたときは左（借方）に、お金が減ったら右（貸方）に記入する

簿記のルール①
（売上の仕訳）

取引は常に2つの事実が生じている

　簿記の基本は会社の取引を2つの事実として認識し、5つのグループに分けていく（仕訳する）ことである。5つのグループとは**資産、負債、純資産、収益、費用**である。この5つのグループごとに「**勘定科目**」があり、その勘定科目を使って2つの事実を認識する。

　たとえば、1個1,000万円の商品を2個現金で売った場合、
「資産である現金が2,000万円増えた」
という事実と
「収益である売上が2,000万円発生した」
という事実が生じる。このときの勘定科目は、「**現金**」と「**売上**」という2つの勘定科目を使用する。

　1点だけ覚えてほしいのは、お金が増えたときは、お金を左（これを借方という）に書くということだ。仕訳にすると、

（単位：万円）

取引1

借　方	貸　方
現金　　2,000	売上　　2,000

会社の取引を
2つの事実と認識

という形となる。
　これは2つの取引を左（借方）と右（貸方）に分けて集計するためである。お金が増えたのを左に書くと、売上は右に書かざるを得ない。反対にお金が減ったときには、現金を右に記載する。簿記の一番の基本はこれだけだ。

仕訳をするときの
ポイントとして、

・取引には、常に2つの事実が生じている
・「お金」が増えたら「左（借方）」に書く
・「お金」が減ったら「右（貸方）」に書く
まずは、この3つを頭に入れるといいわ。

取引を決算書にまとめるまでの流れ

取引発生

取引を記録として残す方法を「仕訳」という。
仕訳は、取引が発生したら必ず行うようにしよう。

↓

仕訳作業

仕訳帳と呼ばれる帳簿に、日々の取引を記していく

2つの事実を左右に分ける

借 方	貸 方

↓

総勘定元帳にまとめる

仕訳帳をもとに、勘定科目ごとにまとめていく

5つのグループに分類

- 資産
- 負債
- 純資産
- 費用
- 収益

↓

試算表を作る

総勘定元帳をもとに、5つのグループに分類し、勘定科目ごとに集計する

↓

決算書を作る

貸借対照表や損益計算書にまとめる

貸借対照表

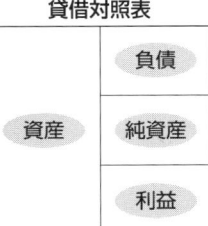

資産	負債
	純資産
	利益

＝

損益計算書

費用	収益
利益	

簿記には「単式簿記」と「複式簿記」があり、主に会社で使用されている簿記は、複式簿記と呼ばれるものだ。

第二章 簿記と決算書の基本

簿記の基本

>>>>> 簿記のルール <<<<<

現金が減るときは、右（貸方）へ記入する

簿記のルール②
（仕入、経費の取引）

仕入によって現金が減ったときの仕訳

34ページの取引1（1,000万円の商品を2個現金で売った）で、商品の原価が600万円だったとしよう。2個で1,200万円の**仕入**なので、以下のような仕訳となる。

取引2

（単位：万円）

借　方	貸　方
仕入 1,200	現金 1,200

> 「仕入」と同時に、お金（現金）も減ったことになるわね。つまり、この場合の仕訳は「現金」が右にくるのよ。

これらの取引の結果、現金が800万円残ることになる。これは、左に書いた2,000万円から、右に書いた1,200万円を引いた結果になる（下図参照）。現金の場合は左の金額を総勘定元帳にプラスに集計していき、右の金額をマイナスに集計していくのだ。

取引1

（単位：万円）

現金 2,000	売上 2,000

取引2

（単位：万円）

仕入 1,200	現金 1,200

現金

増加	減少
2,000万円	1,200万円

差引800万円

> それぞれの取引の「現金」を集計する場合は、左の金額をプラスに、右の金額はマイナスに集計していくのよ。

「経費」が発生したときの仕訳

取引1と取引2では、売上と仕入だけとした場合の仕訳とその場合の総勘定元帳を見てきたが、さらに「**経費**」が発生した場合を考えてみよう。

この会社は給与を400万円払っている。その場合、仕訳は以下のようになる。

取引3

（単位：万円）

借　方	貸　方
給与　400	現金　400

> 給与は「経費」になる。仕入のときと同様に「現金」が減るので、現金は右に書くんだ。

取引1〜取引3までを整理すると、

・2,000万円の売上による現金増加
・1,200万円の仕入と400万円の給料支払により合計1,600万円の現金減少

↓

差し引き400万円の現金増加

となる。この場合、これが利益400万円になる。

> そうだ
> 簿記の一番の基本は
> 現金が増えたか減ったかをどちらに書くかなんだ

簿記の基本

>>>>> 簿記のルール <<<<<
試算表は、借方・貸方が必ずバランス（一致）する

簿記のルール③
（元帳から決算書まで）

決算書にはどのように反映されるか？

　最終的に簿記の目的は、決算書を作ることにある。総勘定元帳に科目ごとの増加・減少を集計していき、**貸借対照表**（P.46）や**損益計算書**（P.48）を作成するのだ。
　この例では、売上2,000万円、仕入1,200万円、給与400万円、利益400万円が損

総勘定元帳から試算表、決算書への流れ

①総勘定元帳にまとめる

現金　　　（単位：万円）

売上	2,000	仕入	1,200
		給与	400
		差引 400	

仕入　　　（単位：万円）

現金	1,200

売上　　　（単位：万円）

		現金	2,000

給与　　　（単位：万円）

現金	400

> これまで仕訳されたものを決算書に反映させるためには、まずは総勘定元帳に科目ごとの増加、減少を集計していくんだ。

> 決算書の作成過程をざっくりと説明してきたわけだが
>
> 仕訳や書類作成はとにかく数をこなして慣れていくことが大切だ

益計算書の内容となり、貸借対照表は現金が400万円増えたという形になる。

※試算表を見るときは、各勘定科目の総勘定元帳までも確認すること！

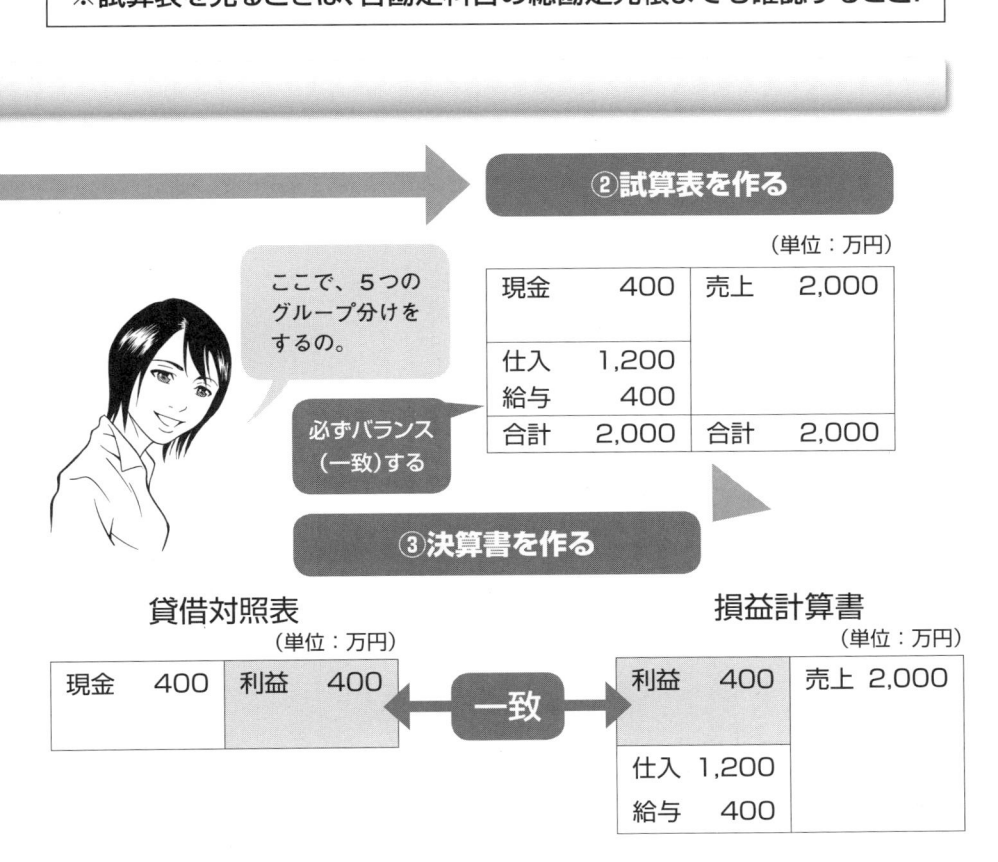

②試算表を作る

（単位：万円）

現金	400	売上	2,000
仕入	1,200		
給与	400		
合計	2,000	合計	2,000

ここで、5つのグループ分けをするの。

必ずバランス（一致）する

③決算書を作る

貸借対照表
（単位：万円）

現金	400	利益	400

⇔ 一致 ⇔

損益計算書
（単位：万円）

利益	400	売上	2,000
仕入	1,200		
給与	400		

第二章　簿記と決算書の基本

簿記のルール
現預金の増加・減少を要素ごとにまとめる

簿記のルール④
（キャッシュフロー計算書）

商品が1個売れ残ったときの仕訳方法

36ページの取引では、1個600万円の商品を2個仕入れ、2個とも販売できたが、では、3個仕入れて2個売れた場合、つまり1個売れ残った場合はどうなるかを考えてみよう。3個仕入れた時点での仕訳は、以下のようになる。

（単位：万円）

借　方		貸　方	
仕入	1,800	現金	1,800

3個仕入時点での仕訳

年度末に1個売れ残っているので、その分だけ決算で仕入を減らし、**商品**という科目に振り替える処理を行う。そのときの仕訳は以下のようになる。

（単位：万円）

借　方		貸　方	
商品	600	仕入	600

売れ残りを「商品」へ振り替える仕訳

これにより、仕入は1,800万円 − 600万円 = 1,200万円となるのである。

また、**借入金**の仕訳もここで記載しておこう。借入を行えば現金が増加するので、仕訳は

（単位：万円）

借　方		貸　方	
現金	500	借入金	500

借入金の仕訳

となる。

現金の増減を表す「キャッシュフロー計算書」

現金の動きをまとめると、①設立時の資本金500万円、②借入による500万円、③売上による2,000万円の合計3,000万円が「借方」に集計される増加取引である。

一方、出て行った（減った）現金は、①仕入1,800万円（年度末に商品として残っている600万円を含む）、②給料400万円の合計2,200万円。これは「貸方」に集計される。

その差額の800万円が現金の残高となるのである。設立時の500万円から300万円増加していることになる。

現金　　（単位：万円）

期初残高 → 資本金	500	仕入	1,800
借入金	500	給与	400
売上	2,000	期末残高	800

現金の動きだけで見てみると、設立から決算までで300万円増加しているが、これは、39ページの決算書で表示されている利益400万円と一致しない。そこで、次のような書類で現金の増減を把握しておく必要がある。

キャッシュフロー計算書	(単位：万円)
期初　資本金	500
売上回収	2,000
仕入支払	△1,800
費用支払	△400
借入調達	500
期末　現金残高	800

損益計算書	(単位：万円)
売　上	2,000
仕　入	△1,800
期末商品	＋600
給　与	△400
利　益	400

これが**キャッシュフロー計算書**と呼ばれるものである。

なるほど。利益の金額と現金の増加額が一致しないわけね。

簿記の基本

>>>>> 簿記のルール <<<<<

5つのグループを細分化したものが、勘定科目である

勘定科目は
5つのグループに集計される

勘定科目で取引を集計し、実績を把握する

勘定科目とは、取引を集計する単位である。これは、必ず5つのグループ（**資産、負債、純資産、収益、費用**）のどれかに属することになる。言い換えれば、5つのグループを細分化したものが勘定科目だと理解することもできるのだ。

たとえば、「費用」といっても、商品の「仕入」もあれば「給与」もある。これを、費用という勘定科目1つだけで処理すれば、何が何だかわからなくなるだろう。そのため、主要な項目ごとに勘定科目を設定するのだ。

勘定科目をまとめると、貸借対照表や損益計算書ができあがる。会社法や金融商品取引法などには、そのまとめ方にもルールがある。

決算書として重要になってくる「貸借対照表」と「損益計算書」はこれをもとにして作られる。

この5つのグループのうち「資産」「負債」「純資産」は貸借対照表に「収益」「費用」は損益計算書に反映されるんだ。

Step UP! 予算作成も勘定科目を意識する

業務の実績は勘定科目ごとに集計して把握することが多いが、予算も同じ分類で作成すれば、予算と実績の比較をすることが可能になる。そのため、予算の項目も勘定科目を意識した設定にすると、実績と比較しやすくなるだろう。

勘定科目は5つのグループに属する

資産とは、会社の保有する財産と理解しよう。現金、預金、売掛金、商品などはほとんどの会社で使用する科目である。会社の保有する土地なども資産のグループだ。

負債とは、会社の借金だ。借入金以外にも、買掛金や未払金など、会社が返済もしくは支払わなければならないものをいう。

主な勘定科目

資産
- 現金
- 当座預金
- 受取手形
- 売掛金
- 商品
- 土地
- 建物　など

負債
- 支払手形　・預り金
- 買掛金　　・退職給付引当金
- 未払金　　・賞与引当金　など
- 借入金

純資産
- 資本金
- 資本剰余金
- 利益剰余金　など

費用
- 仕入　　　・会議費
- 給与　　　・減価償却費
- 旅費交通費　・支払利息
- 交際費　　・固定資産売却損
- 　　　　　・法人税等　など

収益
- 売上
- 受取利息
- 受取配当金
- 固定資産売却益　など

費用とは、主に会社が売上を計上するために使用するコストと理解しよう。仕入、給与、旅費交通費などが代表的な科目だ。

収益とは、売上やその他の諸収入である。

純資産とは、資本金と毎年の利益が主なものである。会社の資産から負債を引いた額と一致する。

勘定科目の設定は会社によって多少異なるが、会社法や金融商品取引法などの法令で、おおよそ決まっているんだ。

第二章　簿記と決算書の基本

決算書の基本

簿記のルール
決算書は利害関係者への報告書である

決算書は何のために必要なのか

まずは貸借対照表と損益計算書を理解する

すべての会社は、1年に1度は**決算**を行わなければならない。「**貸借対照表**」（Balance Sheet、通称**B/S**）と「**損益計算書**」（Profit and Loss Statement、通称**P/L**）、**株主資本等変動計算書**などを作成するのである。

決算書の中でも、会社の一定期間（通常1年）の業績を表す損益計算書と、決算日時点での財政状態を表す貸借対照表の2つが主要なものである。

これらは会社の業績や財政状態を表すものとして、会社ごとに基準がバラバラだと比較することができないため、だれが見てもわかりやすいように共通の雛形（ひながた）に基づいてまとめたものになる。

決算書を公開することで、株主、銀行などの債権者、国や地方公共団体、役員や従業員、得意先、仕入先など、さまざまな**ステークホルダー**（企業の利害関係者）に対してその数値が開示される。

中小法人の場合は、「株主＝経営者」であるため、所有と経営が分離して

決算で作成される計算書類

会社法では、貸借対照表と損益計算書、株主資本等変動計算書に注記表を合わせたものを「計算書類」と定義している。

貸借対照表 （B/S）	会社の現金、売掛金、商品などの資産や、買掛金、借入金などの負債、資本金、剰余金などの純資産など、会社のある時点での債権債務を整理したもの。資産の合計と、負債・純資産の合計が必ず一致する。
損益計算書 （P/L）	通常1年の期間の売上合計や原価合計、経費合計などをそれぞれ集計し、まとめたもの。つまり、一定期間の会社の成果をまとめたものである。
株主資本等 変動計算書	株主の持分である資本金や利益剰余金が株主配当支払などで変動する状況をまとめたものである。
注記表	簿記のルールで作られたB/S、P/Lでは表せないような、重要な項目を一覧にしたものである。

いないが、上場会社などでは、株主は経営者に会社運営を委任しており、その成果を見るのが「決算書」となる。また一方では、決算書の内容を見て、株式を売り買いすることも行われるのである。

決算の目的は会社の業績と財政状態を明確にすることだ
会社法ではすべての会社は1年に1度決算を行わなければならないと決まっている

なぜなら出資をしてくれている株主や銀行または取引先などに会社の経営状況を報告しなければならないからだ

決算書の基本

簿記のルール
会社の資産合計は、負債と純資産の合計と一致する

貸借対照表に書かれている内容とは

貸借対照表は左右が一致する

貸借対照表（B/S）とは、決算時点での会社の財政状態を表すものだ。財産目録のようなもので、「**資産＝負債＋純資産**」という形態になる。

これは、会社を設立したときのことを考えるとわかりやすいだろう。

たとえば、会社に株主から払い込まれた現金500万円があったとしよう。これは、会社には500万円の資産があると同時に、清算したら返さなければならない500万円もあるということを意味する。さらに、500万円を銀行より借り入れると資産は合計1,000万円となり、純資産500万円＋負債500万円＝1,000万円で負債・純資産合計は資産合計と一致することになる。

また、1年間で400万円の利益が出たが、商品600万円を在庫として保有するケースでは、その結果現金が200万円減少して合計800万円になり、純資産は当初の500万円に利益400万円が足された900万円となるのである。

貸借対照表は会社の財政状況を表す

設立時

貸借対照表 （単位：万円）

資産		純資産	
現金	500	資本金	500
合計	500	合計	500

借入時

貸借対照表 （単位：万円）

資産		負債	
現金	1,000	借入金	500
		純資産	
		資本金	500
合計	1,000	合計	1,000

決算時

貸借対照表 （単位：万円）

資産		負債	
現金	800	借入金	500
商品	600	純資産	
		資本金	500
		利益	400
合計	1,400	合計	1,400

損益計算書

売上	2,000
仕入	1,200
経費	400
利益	400

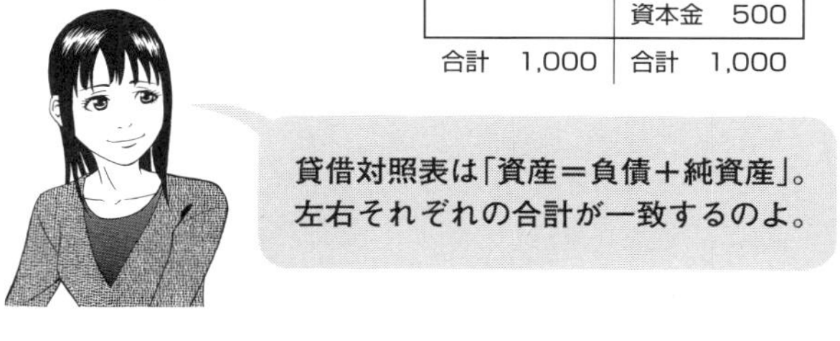

貸借対照表は「資産＝負債＋純資産」。左右それぞれの合計が一致するのよ。

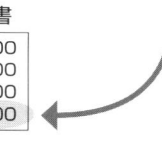

貸借対照表の基本構成

貸借対照表

平成○年3月期
(平成○年3月31日現在)
(単位：千円)

お金の運用方法を示している　　　お金の調達方法を示している

資産の部		負債及び純資産の部	
科　目	金　額	科　目	金　額
資産の部		負債の部	
流動資産	××××	流動負債	××××
現金預金	××××	支払手形	××××
受取手形	××××	買掛金	××××
売掛金	××××	短期借入金	××××
貸倒引当金	××××	未払金	××××
有価証券	××××	未払費用	××××
製品及び商品	××××	未払法人税等	××××
材料	××××		
仕掛品	××××		
貯蔵品	××××	固定負債	××××
その他流動資産	××××	長期借入金	××××
		退職給付引当金	××××
固定資産	××××	純資産の部	
有形固定資産	××××	株主資本	××××
建物	××××	資本金	××××
構築物	××××	資本剰余金	××××
機械装置	××××	資本準備金	××××
車両運搬具	××××	その他資本剰余金	××××
工具器具備品	××××	利益剰余金	××××
土地	××××	利益準備金	××××
建設仮勘定	××××	その他利益剰余金	××××
無形固定資産	××××	別途積立金	××××
ソフトウェア等	××××	繰越利益剰余金	××××
投資その他の資産	××××		
投資有価証券	××××		
関係会社株式	××××		
施設借用保証金	××××		
その他投資	××××		
貸倒引当金	××××		
合　計	××××	合　計	××××

換金しやすいものから表示　1年以内に現金化可能な資産　1年超保有する資産

支払いを急ぐものから表示　1年以内に支払うべき債務　返済が1年を超えてよい債務

必ず一致する

決算書の基本

簿記のルール

損益計算書とは、一定期間の会社の「利益」（Profit）と「損失」（Loss）を示すものである

損益計算書に書かれている内容とは

損益計算書は一定期間における会社の実績を示す

　損益計算書（P/L） とは、**一定期間（1年間など）の会社の業績を示すもの**である。右ページの例は売上高2,000万円、仕入（売上原価）1,200万円、経費（販売費及び一般管理費）400万円、利益（営業利益）400万円の会社である。**売上から原価や諸費用を引いた利益**が、損益計算書に表示されている。

　会社が利益を出すには、「**売上＞原価＋経費等**」でなければならないと同時に、「**売上総利益＞経費等**」でなくてもならないのだ。逆に、使う費用が決まっていれば、それを上回る売上がないと赤字になるということもいえる。

　利益とは、売上などの収益から費用を引いたものだ。「**売上＝費用＋利益**」といえるが、赤字の場合は、「**売上＋損失＝費用**」となる。また、利益が売上に対してどれくらいあるかを見るために、利益を売上で割ることもある。

> 前年度のP/Lと見比べてみると会社の業績の変化が一目瞭然だ

> 損益計算書を見れば会社がどれだけ利益を出しているかがわかる

Check! 損益計算書から見えてくるものとは？

　売上高営業利益率などは、営業利益を売上高で割ったものだ。利益率は、業種、業態ごとに異なってくる。たとえば、飲食業であれば原価率を30％以内にしないと儲からないという話を聞くこともあるが、これは、店の内装諸費用や人件費などに費やす販売管理費率が高い傾向にあるからだ。

損益計算書の基本構成

損益計算書

平成○年3月期
(平成□年4月1日から
平成○年3月31日まで)

(単位:千円)

> 売上高 − 売上原価

科　　目	金　　額	
売上高		20,000
売上原価	12,000	
売上総利益		8,000
販売費及び一般管理費	4,000	
営業利益		4,000
営業外収益		
受取利息及び配当金	×××	
受取手数料	×××	
その他	×××	×××
営業外費用		
支払利息	×××	
その他	×××	×××
経常利益		×××
特別利益		
投資有価証券売却益	×××	
その他	×××	×××
特別損失		
固定資産売却損	×××	
その他	×××	×××
税引前当期純利益		×××
法人税等		×××
当期純利益		×××

> 売上総利益 − 販売費及び一般管理費

決算書の基本

≫≫≫≫≫ 簿記のルール ≪≪≪≪≪

どの利益を重視するかは会社の状況による

決算書からどのように「利益」を見るか

重要視する「利益」の増減を分析評価する

　財務諸表には、「○○利益」と名前がつくものが多い。売上から売上原価を引いた「**売上総利益**」、そこから販売費及び一般管理費を引いた「**営業利益**」、そこに受取利息などの営業外収益を足して支払利息などの営業外費用を引いた「**経常利益**」、経常利益に特別損益を加減算した「**税引前当期純利益**」、そこから税金を控除した「**当期純利益**」などである。

　これらのなかから、社内で最も重要視する利益を決めておき、毎期、あるいは予算と比べて、なぜ増えたのか、なぜ減ったのかを分析評価していくことが大切だ。一般的には、「営業利益」が本業の利益で最も重要といわれることが多いが、金利支払いが多い会社であれば、それも考慮した「経常利益」が重要になることもある。

> 今期の営業利益だがあと少しで当初の目標達成となるここはひとつみなさんになんとしても頑張ってもらいたい

決算書に表示される5つの利益

(単位：万円)

	売上高	××××
	売上原価	××××
①	**売上総利益**	××××
	販売費及び一般管理費	××××
②	**営業利益**	××××
	営業外損益	××××
③	**経常利益**	××××
	特別損益	××××
④	**税引前当期純利益**	××××
	法人税等	××××
⑤	**当期純利益**	××××

- 販売費及び一般管理費 ← 人件費や営業経費、減価償却費など
- 営業外損益 ← 本業以外の損益（投資による損益など）
- 特別損益 ← 臨時的な損失（災害による損失など）
- 法人税等 ← 法人税、住民税、事業税

① 売上総利益	＝売上高－売上原価	「粗利益」ともいわれる
② 営業利益	＝売上総利益－販売費及び一般管理費	本業による利益
③ 経常利益	＝営業利益＋営業外収益－営業外損失	会社が通常の活動であげる利益
④ 税引前当期純利益	＝経常利益＋特別利益－特別損失	税金計算前の利益
⑤ 当期純利益	＝税引前当期純利益－法人税等	

損益計算書は、基本的に足し算と引き算で成り立っているのよ。上の5つの利益の関係はしっかりおさえておいたほうがいいわ。

第二章　簿記と決算書の基本

第三章

経理の仕事
～日常の業務～

　第三章では、経理の日常的な業務となる「仕入」「売上」「回収」などについて説明していこう。これらの仕事は経理にとっても日常的な基本業務となるが、会社にとっても仕事の大部分を占める。会社により支払い、回収、購買管理、在庫管理などの方法も異なるので、ここでは、一般的なパターンの会社の業務を想定して説明しよう。

　さらに、経理を通じて業務改善を進めることができれば、経理の本来の役割が達成できたといえるだろう。

支払いから生まれる仕事

小口現金がどうしても3000円ほど合わんまいったな……

現預金の管理（現金出納）	54
振り込み、送金（銀行預金管理）	56
小切手、支払手形のルール	58
支店での出納、金庫管理のポイント	60
経費の分類（科目の種類）	62
変動経費と固定経費	64
交際費と会議費	66
租税公課と寄付金	68
報酬等の源泉徴収	70

売上と回収から生まれる仕事

今月 C社からはきちんと入金されてますかね

売上集計のポイント	72
請求と入金（売掛金管理）	74
取引先の信頼性を見る「債権信用管理」	76
小切手、受取手形の回収	78
外国の企業との取引（外国為替業務）	80

仕入と購買から生まれる仕事

在庫がどれだけあるか知っておく必要があるわね

買掛金と未払金	82
在庫管理の仕組み	84
原価管理の基本	86
在庫評価方法	88
たな卸の仕組み	90

支払いから生まれる仕事

現預金の管理（現金出納）

先輩からのアドバイス
帳簿上の残高と実際残高は、必ず1円単位まできっちりと合わせる

経理の仕事の第一歩は、現金出納業務

ほとんどの会社には、少額の現金を入れた金庫やレジがあるだろう。この現金の出し入れを記録することが、**現金出納**（げんきんすいとう）という業務である。

この「現金の受け渡しと残高の確認」という作業は、毎日行う必要がある。ここで重要なのは、1円単位まできっちりと残高を合わせることだ。出し入れの記録である帳簿上の残高と実際残高は、必ず確認すべきである。また、伝票や領収書の帳票と引き換えに出金することが原則である。

慣れれば当たり前のことであるが、忙しくて出金が多いと、受け渡しや伝票に誤りが生じて、現金残高が合わなくなってしまうこともある。出金の際には、責任者の認可や印鑑がいるので、伝票の内容も確認しなければならない。飲食業などでは、毎日多額の入金があるので、銀行への預け入れなどは、たいてい経験のある責任者が行うことが多い。

Step UP! 定額資金前渡制度

欧米では「インプレストシステム」といわれ、内部統制の観点から有効な手法とされている。あらかじめ決められた金額の小口現金を用意しておき、使用して残高が少なくなったときに、使用した額のみ銀行口座から引き出すのである。小口現金の使用の際には、領収書、受領書、メモなどを小口現金金庫に入れておき、常に現金の実際残高と帳簿上の残高が当初の現金残高と一致した状態にしておくと、実務上も効率よく管理ができる。

現預金の管理(現金出納)

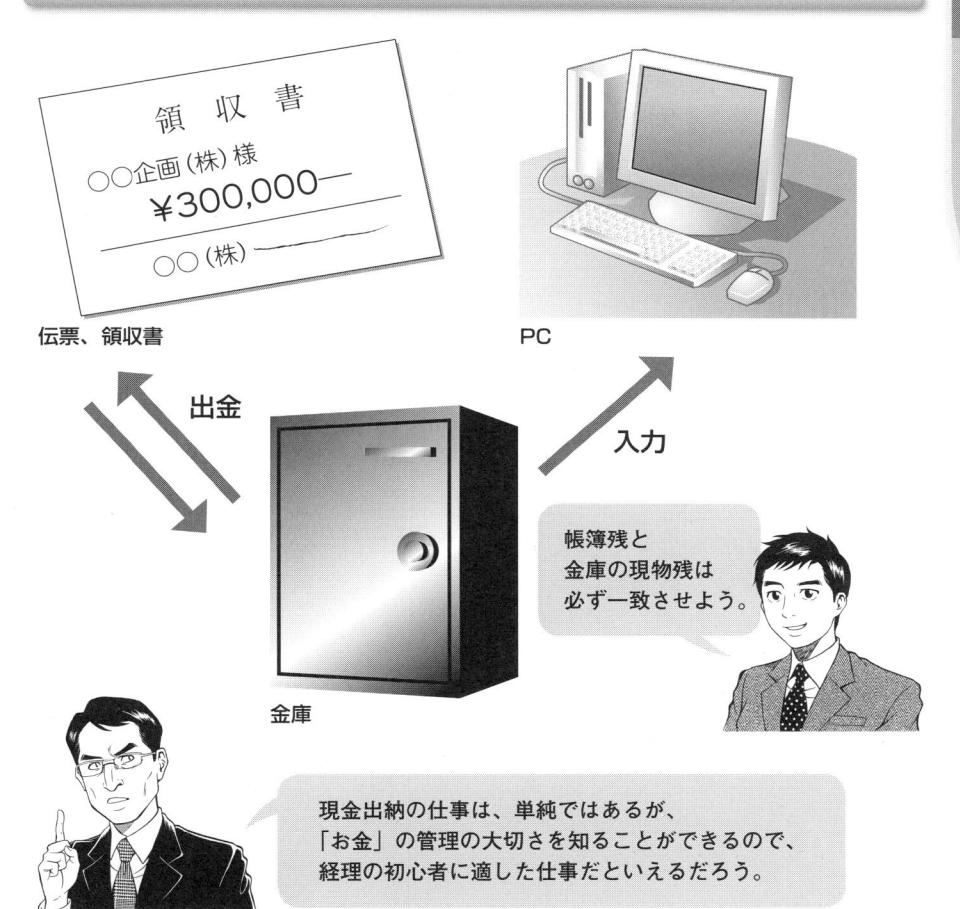

伝票、領収書

PC

出金

入力

帳簿残と金庫の現物残は必ず一致させよう。

金庫

現金出納の仕事は、単純ではあるが、「お金」の管理の大切さを知ることができるので、経理の初心者に適した仕事だといえるだろう。

現金が合わない！なんでだろう？？？

その都度伝票と引き換えに現金を渡すことや、渡す際も現金に過不足がないか確認するなど、出納業務は正確さが重要視される。

支払いから生まれる仕事

振り込み、送金
(銀行預金管理)

先輩からのアドバイス

振り込み方法や口座の種類を覚えよう

銀行口座を通じたお金のやり取りの基礎業務

　多額のお金は、すべて銀行の口座を通じてやり取りされる。その銀行口座への預け入れ、払い出しの作業や確認が、「**銀行預金管理**」である。
　また、**当座預金**、**普通預金**などの預金の種類を理解し、客先からの回収入金の確認や、振り込みによる支払送金を管理するのが「**財務**」の仕事である。この作業は毎日行われる。
　支払いについては、仕入代金や経費、給与などを、毎月決まった日に振込送金で処理するのが通常だ。その方法として、銀行の窓口で振り込む方法、ATMで振り込む方法、総合振込、インターネットバンキング、振込データを銀行にわたす方法など、いろいろな形態がある。

預金の種類

普通預金	銀行で最初に開設する口座である。小切手の使用ができない。 また、マイナス残高にできない。
当座預金	口座を開設するには会社の信用力が求められる。小切手の使用ができる。 また、契約により当座貸越の利用もできる。
通知預金	引き下ろすのに、事前通知が必要な預金口座。 最近では利用が減ってきている。
定期預金	一定期間拘束されるが、普通預金よりも利率が良いのが特徴。 ただし、途中解約は利息がつかない。

振り込みの方法

- 銀行窓口での振込票による振り込み
- ATMでの振り込み
- 総合振込（一度に多数の振り込みができる方法）
- インターネットバンキング（総合振込が可能な銀行もある）
- 振込データの銀行への持ち込みなど

多額のお金が動くので、最も安全で、かつ効率的な方法がとられるんだ。

Check! 銀行口座残高の過不足は事前に想定しておく

銀行口座からの出し入れによって、預金残高の過不足が起こることもある。この過不足を事前に想定しながら、来月以降のお金の段取り、つまり資金繰りをしていくことになるのである。これは、経理の経験の浅い者には任せられない重要な仕事である。

経理担当者は会社が開設している口座ごとに実際残高と帳簿残高に不一致がないかを確認していくの。

銀行の預金管理や振り込み方法は経理の知識として必要不可欠よ。

第三章　日常の業務

支払いから生まれる仕事

小切手、支払手形のルール

先輩からのアドバイス
小切手と手形の様式を確認し、記入漏れや処理の遅れがないようにする

一定のルールに則って扱われる有価証券

小切手や**手形**は、法律で一定の様式が決められており、この記載条件を満たさないと無効になってしまう。小切手や手形の受け渡しには、この「**様式及び内容の確認**」と「**現物管理**」が重要になってくるのだ。以下にその扱い方のルールを紹介しよう。

①小切手や手形に押印されるのは、**銀行に届け出た銀行印**でなければならない。

②銀行印、手形用紙などは、紛失盗難などのないように、**必ず金庫に入れておく。**

③小切手を発行するときは、**用紙の控え（よく小切手の〝耳〟といわれる部分）にも内容を記載し**、**振出残高や未決済残高の管理**などを行わねばならない。

④支払手形の場合は、**期日管理をきちんと行う**。決済日にはその金額を銀行口座に必ず用意しなければならない。

⑤小切手は一覧払いであるため、振り出す場合は、常に**その金額以上の残高が当座預金にあることを確認してから発行**しなければならない。

⑥**支払手形は金額に応じて収入印紙を貼らなければならない**ため、高額の場合は手形を数枚に分けることにより、印紙代を削減できる場合もある。

⑦**小切手の場合は線引小切手**により**受領資格を制限**することが多い。また、支払手形には**為替手形**と呼ばれるものもある。

➡ 小切手、手形の回収についての注意点は78ページを見てみよう。

小切手のサンプル

線引小切手の中でも、銀行が指定されているものは「特定線引小切手」といわれる。

控え

A000XX
平成○年3月15日
金額　1,305,520円
渡先　(株)□□社
摘要　商品仕入代金
残高　　　　円

A000XX
❼ 支払地　東京都千代田区△△町4丁目
❽ 株式会社　○○銀行　○○支店
❶ 小切手
❷ 金額　¥1,305,520※
❻ 上記の金額をこの小切手と引き換えに持参人へお支払いください
❸ 振出日　平成○年　3月15日
❹ 振出地　東京都千代田区
❺ 振出人　株式会社　神田商事　代表取締役　神田一郎 ㊞

東京 0000
0000-000

銀行届出印

小切手の控えにも「日付」「金額」「渡先」「摘要」を記載する

❶小切手文句　❷金額　❸振出日
❹振出地　❺振出人　❻支払委託文句
❼支払地　❽支払人

約束手形のサンプル

支払手形には収入印紙を貼る

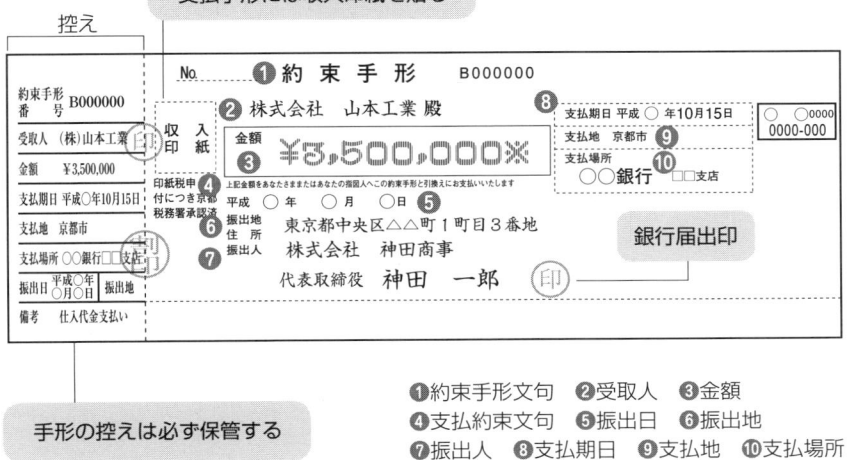

控え

約束手形番号　B000000
受取人　(株)山本工業
金額　¥3,500,000
支払期日　平成○年10月15日
支払地　京都市
支払場所　○○銀行□□支店
振出日　平成○年○月○日　振出地
備考　仕入代金支払い

No. ❶ 約束手形　B000000
❷ 株式会社　山本工業 殿
収入印紙
印紙税申付につき京税務署承認済
❸ 金額　¥3,500,000※
❹ 上記金額をあなたさままたはあなたの指図人へこの約束手形と引換えにお支払いいたします
平成○年○月○日
❺ 振出地　東京都中央区△△町1丁目3番地
❻ 住所　株式会社　神田商事
❼ 代表取締役　神田　一郎 ㊞
❽ 支払期日　平成○年10月15日
　 支払地　京都市
❾ 支払場所
❿ ○○銀行　□□支店

○ ○0000
0000-000

銀行届出印

手形の控えは必ず保管する

❶約束手形文句　❷受取人　❸金額
❹支払約束文句　❺振出日　❻振出地
❼振出人　❽支払期日　❾支払地　❿支払場所

第三章　日常の業務

支払いから生まれる仕事

支店での出納、金庫管理のポイント

先輩からのアドバイス

本社は支店の管理を、支店は本社への報告をきちんと行い、不正経理を防ぐ

支店には必要な額だけを送り、非効率や不正を防ぐ

大きな会社では、支店や支社で現金預金の出納を行うこともある。通常は、決められた金額を前もって本社から支店の口座に送っておくケースが多く、月に1度、支店はその口座からの出金額の内容と帳票を本社に送り、本社はそれを記帳する、といった流れが一般的である。

注意すべき点としては、必要な額だけを支店に送っておくことである。不必要なほどの多額の資金を支店に送金すると、資金が滞留することによる非効率や、不正が発生する要因にもなりかねない。客先からの回収入金の業務を支店が行う場合は、回収金額を、毎日、本社口座に送金するのが通例である。

支店は支店内で出納管理をきちんと行うことが大切だ

本社では支店からの収支報告を帳票と照らし合わせて健全な資金運用を行っているかチェックしよう

本社と支店での出納の流れ

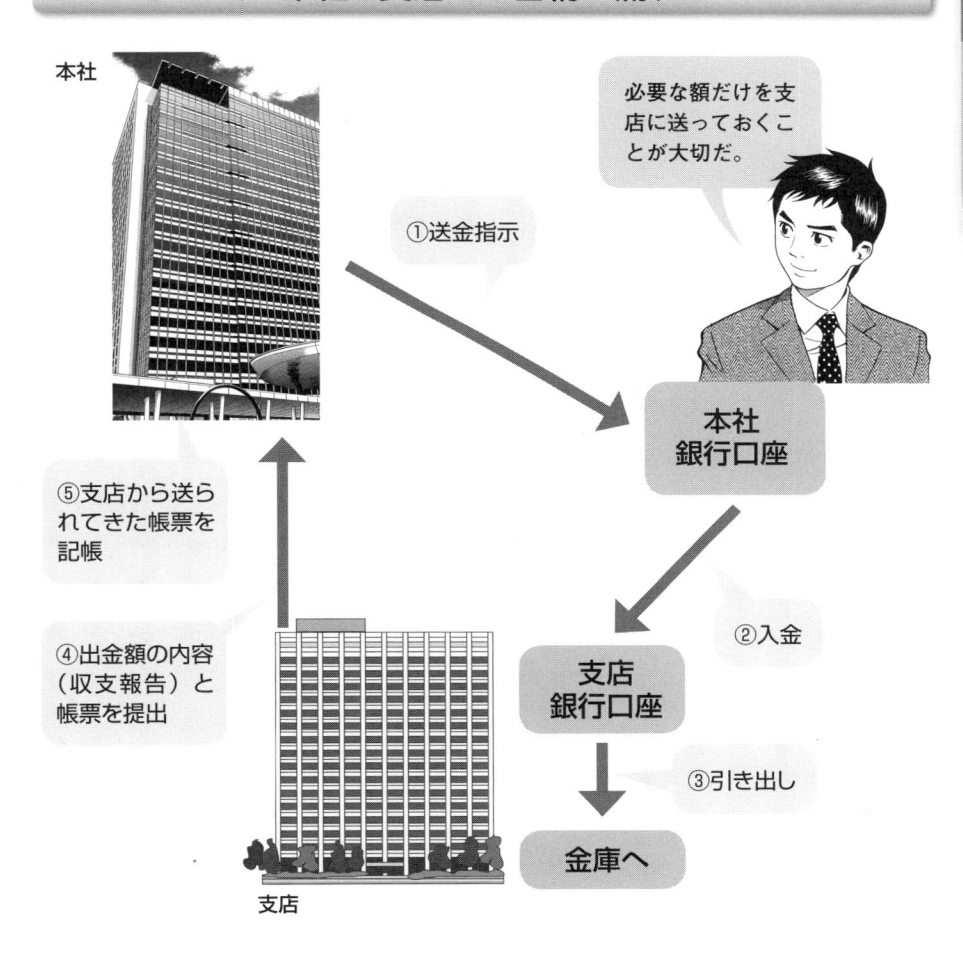

本社

必要な額だけを支店に送っておくことが大切だ。

① 送金指示

本社銀行口座

② 入金

支店銀行口座

③ 引き出し

金庫へ

支店

④ 出金額の内容（収支報告）と帳票を提出

⑤ 支店から送られてきた帳票を記帳

第三章 日常の業務

金庫の管理は経理の基本の仕事

現金回収がある場合は、金庫の管理が必要となってくる。

金庫の管理は、規模にもよるが、動かせないほどの大きな金庫と手提げ金庫の2種類を使い分け、手提げ金庫を使用しないときは大金庫に保管するのが安全である。有価証券の管理などのために、銀行の貸金庫を借りることも多い。

支払いから生まれる仕事

経費の分類
（科目の種類）

先輩からのアドバイス
社内で科目のルール設定を行い、各部門で差異が起こらないように整備する

科目で迷わないようマニュアルを作成しておく

どのような内容の費用を使ったのかを知るための内容別分類が、**経費科目**である。

科目名をどのようにするかは、それぞれの会社の自由である。一般的には、**「旅費交通費」「交際費」**などの名前で、十数個の科目に分けられている。

会社の中では、好き勝手に経費が分類されては困るので、経理規定などで科目を決めている場合もある。そのルール設定や内容の確認も、経理の基本的な仕事となる。

小さな会社では、勘定科目は経理のほうで判断して決めていくことが多いが、大きな会社では各部門の担当者が判断する場合が多い。消費税の課税区分や交際費など、税務上注意すべき科目も多く、各部門の担当者が迷わないようなマニュアルを整備するのも、経理部門の仕事である。

たとえば、出張時に客先と打ち合わせしたときのお茶代を、会議費とするのか旅費交通費とするのか、といったように、あらかじめ勘定科目の分類は決めておこう。

Step UP!
経費予算を作成するときのコツ

たとえば、「物流費」という1科目だけでなく、「倉庫費」、「宅配費」などに分けると予算管理がしやすくなる。

経費の内容別分類

「人」に関わる経費

給料　　　　法定福利費
賃金　　　　退職金

「もの」に関わる経費

リース料　　修繕費
外注工賃　　減価償却費
動力費　　　地代家賃
消耗品費　　保険料

「販売」に関わる経費

販売手数料　業務委託費
運賃　　　　広告宣伝費
倉庫費　　　交際費
販売調査費

「事務所・工場」に関わる経費

旅費交通費　支払手数料
通信費　　　会議費
光熱費　　　寄付金
図書費　　　社宅家賃
租税公課

「研究開発」に関わる経費

研究材料費　研究委託料
研究試作費

第三章　日常の業務

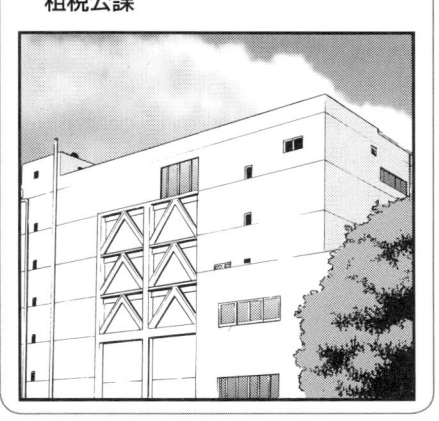

支払いから生まれる仕事

変動経費と固定経費

先輩からのアドバイス
変動経費と固定経費を把握し、経費の使い方を管理していくことが重要

売上等に連動する「変動経費」と毎月一定にかかる「固定経費」

　会社は、さまざまな経費を使うが、その中に「変動」と「固定」という性質の異なる経費がある。

　売上や取引量の増減に連動して変動する性質の費用を「**変動経費**」といい、おおむね毎月一定の金額を使う費用を「**固定経費**」と呼ぶ。

　物流費や販売手数料などは、取引量に連動しやすいので変動経費となる。一方、事務所家賃や設備のレンタル料などは、月極めの定額であり、固定経費になる。

　変動経費は、売上だけでなく、製品の原材料の仕入や生産量とも連動する。一方、固定経費は、売上などとはあまり連動しない。この性質を理解して、経費の使い方を管理していくことになる。これは、経費予算管理の1つのポイントである。

経費を変動費と固定費に分けて、業績の変動と関連させながら管理していくことが大切なんだ。

変動経費・固定経費と売上高の関係

変動経費…売上や取引量の増減によって変動する費用
固定経費…一定期間に一定の金額を使う費用

固定経費
変動経費
↑

変動経費

物流費、販売手数料など

固定経費

事務所家賃、設備のレンタル料など

→ 売上高

売上が落ち込んだ場合には、変動経費も減少するが、固定経費は減少しない。そこで、経費削減の的は、固定経費に向けられることになる。

固定経費を管理する際は人員や設備購入費用オフィスの経費などを事業量に合わせて柔軟に増減できるようにすることが重要だ

支払いから生まれる仕事

交際費と会議費

先輩からのアドバイス
「交際費」は一定の範囲しか費用として認められていない

飲食や接待ゴルフなど、特例や税金処理に注意

交際費は、会社のために使う費用ではあるが、個人の遊興と区分がしにくい性質を持っている。このため、法人税法では、交際費は一定の範囲しか費用と認めていない。

交際費は、他の費用と明確に区分して集計しなければならない。ただし、取引先との社内会議中に弁当を支給する場合などは、交際費とするのか**会議費**とするのか、判断に迷う。右ページにさまざまな例をとりあげたので参考にするといいだろう。

また、大会社では、交際費のすべてを費用と認めていないが、中小法人の場合は年間600万円までは、90％を費用と認める特例がある。外部の取引先との飲食の場合、領収書などに会社名、人数などを明確に記載することを条件として、1回1人当たり5,000円までは会議費とすることが認められている。

税務上の費用として認められる交際費の限度額

会社の規模	資本金1億円以下の会社		資本金1億円超の会社
交際費の支出額	支出額 600万円以下	支出額 600万円超	交際費はすべて課税
損金算入限度額	支出額×90％	540万円	

交際費と迷いやすい項目の例

取引先との飲食代

- **交際費**：酒席での会食
- **会議費**：少額の昼食程度

取引先とのゴルフ

- **交際費**：プレー代をはじめ、すべてが交際費
  ※交通費も含まれる

接待ゴルフは注意が必要だ。ゴルフ場までの交通費も旅費ではなく、交際費としなければならないのだ。またゴルフ場にはゴルフ場利用税という税金が含まれており、ゴルフ場利用税には消費税は課税されていないので、これも注意を要する項目である。

慶弔や見舞金

- **交際費**：特定の人への多額の支出
- **福利厚生費**：社員などへの規定に沿った標準の支払い

パーティーや行事

- **交際費**：取引先とのホテルでの飲食パーティー
- **福利厚生費**：社内での式典など

宣伝のための景品

- **交際費**：多額で特定取引先限定の海外旅行招待など
- **広告宣伝費**：不特定多数への景品、プレゼント

受注への謝礼

- **交際費**：現金・商品券など謝礼すべて
- **売上割戻し**：受注と連動した仲介契約があるとき

第三章　日常の業務

支払いから生まれる仕事

租税公課と寄付金

先輩からのアドバイス
収入印紙などは、
「租税公課」という科目を使用する

費用として処理できるものと、できないものを区別する

　交際費と同じように、税金を計算するうえで、他の経費とは区分しておく必要があるものは他にもある。**租税公課**と**寄付金**である。

　租税公課は、ある種の税金などを国、地方自治体に納めたときに処理するための科目である。代表的なものとして**収入印紙**や**固定資産税**などがある。会社全体の利益に応じて、法人税や事業税などは計算されるが、租税公課は会社の利益にかかわらず発生する税金である。そのため、費用とすることができる。関税などは、物の輸入にかかるので、租税公課とせずに売上原価として処理される。また、罰金、科料などは税法では費用とできない。

　「**寄付金**」は、交際費と同じように、**一定の範囲額しか費用として認められない**。寄付金は、指定寄付金などの4種類に分類される（右図参照）。

　寄付金での注意すべき点は、関係会社などの費用を、**無償・低価**で肩代わりしたような場合などは、会社が別の科目で処理していても、税務調査などで寄付金扱いにされることがある点だ。対価のない支払いは寄付金となるので、注意が必要である。

寄付金の処理については、内容をよく確認したうえで科目を割り振る必要があるわ。
たとえば、従業員に対する寄付は「給与」の扱いになるし、得意先への物品の贈与は「交際費」の扱いになるのよ。

寄付金の種類と取扱い

種類	損金にできる金額	内容
①一般寄付金	限度額まで	②、③、④以外の寄付金すべて
②国・地方公共団体への寄付金	全額	国、都道府県、市区町村への寄付
③指定寄付金	全額	財務省が認定した公共性の高い寄付先への寄付
④特定公益増進法人への寄付金	一定の限度枠まで	教育振興、福祉貢献のための公共法人への寄付

分類により税務上損金にできる金額が異なるため、どこに寄付したかを把握しておかなければならない。

①一般寄付金の損金算入限度額の計算式

$$(資本金等の額 \times \frac{2.5}{1000} + 当期の所得額 \times \frac{2.5}{100}) \times \frac{1}{2}$$

租税公課の種類と処理科目

内容	種類	処理科目
商品の輸入・販売に関わるもの	関税	売上原価
不動産や設備の取得に関わるもの	不動産取得税 登録免許税	租税公課
	固定資産税 償却資産税	租税公課
契約書・手形・小切手に関わるもの	印紙税	租税公課
人員や資本金に関わるもの	事業税 事業所税	租税公課
法令に基づく罰金など	延滞税 加算税	雑損失

支払いから生まれる仕事

報酬等の源泉徴収

先輩からのアドバイス
相手の職業や支払額によって源泉徴収税率が異なるので確認が大切

相手の職業や支払額によって異なる税率を適用

　弁護士、税理士などの個人営業を行っている専門家や、個人のデザイナーなどへ報酬の支払いを行うときには、支払者は一定の**源泉税**を徴収し、それを納付しなければならない。所得税法204条に定められているので、会社によっては「**204条の源泉税**」という言い方をすることもある。

　弁護士、デザイナーなどへは、支払額が100万円以下であれば支払額の10％、100万円を超える場合はそれに加えて、超えた部分について20％の税率が適用される。

　司法書士への支払いは、支払額から1万円を引いた額の10％が源泉税となる。外交員や集金人の場合は、支払額から12万円を引いた金額の10％など、内容により異なるのでその都度確認すべきである。

弁護士への支払額が
120万円の場合は
100万円×10％＋20万円×20％
＝14万円が源泉税で徴収される
ことになる。

Check! 年2回の納税にしている会社は注意!

　従業員10人未満であれば、届出により給与の源泉税の納付を年に2回とする特例がある。ここで注意したいのは、弁護士や税理士の源泉税も同様に扱われるが、デザイナーなどについてはこの特例はないということ。うっかり間違えないようにしよう。

区分に応じた源泉徴収税額の計算方法

報酬・料金等の区分	源泉徴収税額の計算方法	
	控除金額	源泉徴収税
原稿料・講演料・デザイン料・著作権等の使用料	なし	支払金額×10% （100万円超の部分は20%）
弁護士・公認会計士・税理士などへの報酬・料金	なし	支払金額×10% （100万円超の部分は20%）
司法書士への報酬・料金	1万円	（支払金額−1万円）×10%
外交員・集金人などへの報酬・料金	月額12万円	（支払金額−12万円）×10%
事業の広告宣伝のための賞金	50万円	（支払金額−50万円）×10%

報酬と源泉徴収の仕組み

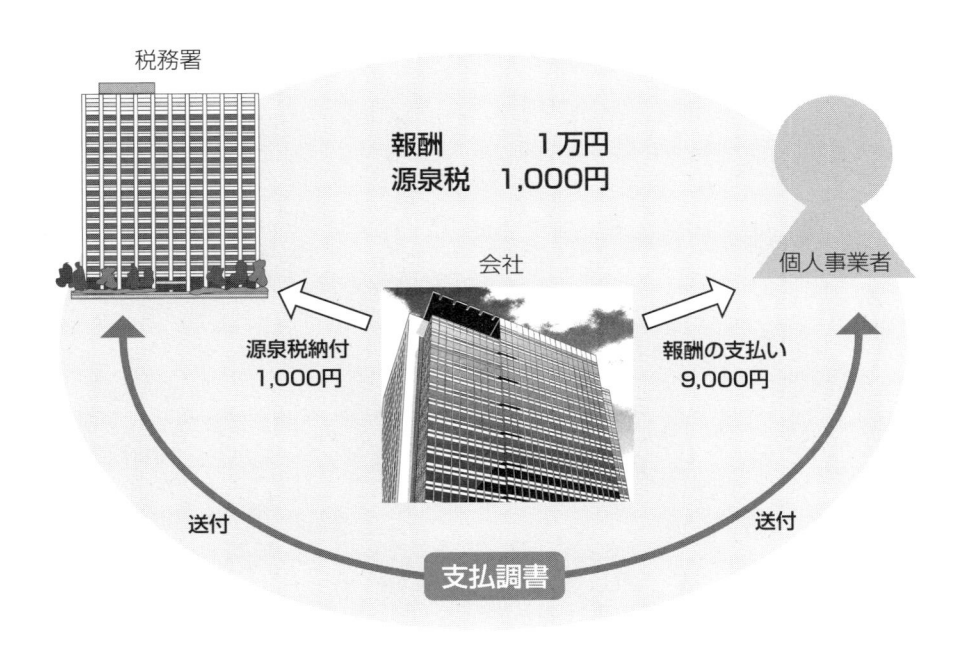

税務署

報酬　　　1万円
源泉税　1,000円

会社

個人事業者

源泉税納付　1,000円

報酬の支払い　9,000円

送付　　支払調書　　送付

売上と回収から生まれる仕事

売上集計のポイント

先輩からのアドバイス

売上高は毎日チェックするようにしよう

会計基準に定められた適切な売上処理をする

売上をどのように集計していくかは、経理の大きな仕事の1つだ。

売上は、会社最大の収入源の項目であり、最も重要な項目である。また、客先への請求金額にも使われるものでもある。

部門別、商品別、支店別など、さまざまな区分で集計され、予算などと比較利用される。その情報の提供は経理の仕事であり、スピードが求められる。

受注、納入、検収、売上、請求、回収のサイクルの中で、納品書などの伝票処理から数値を把握し、管理するのが、**売上集計**の仕事である。

日々の売上動向が市場の動向でもあり、経営者の最大の関心事でもある。

商品販売の流れと売上計上基準の種類

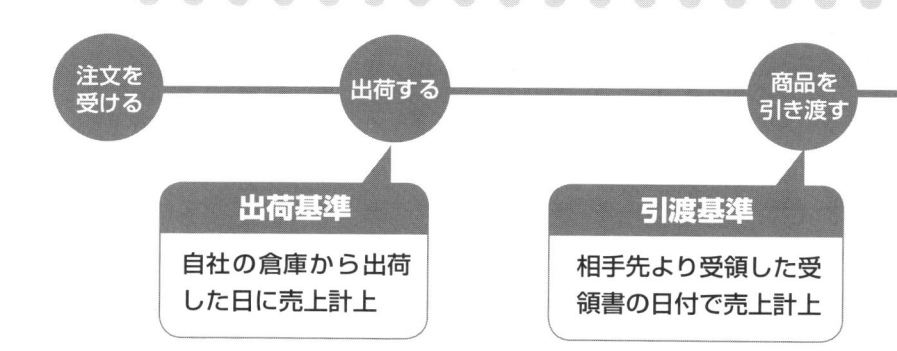

注文を受ける → 出荷する → 商品を引き渡す

出荷基準
自社の倉庫から出荷した日に売上計上

引渡基準
相手先より受領した受領書の日付で売上計上

販売・物流システム

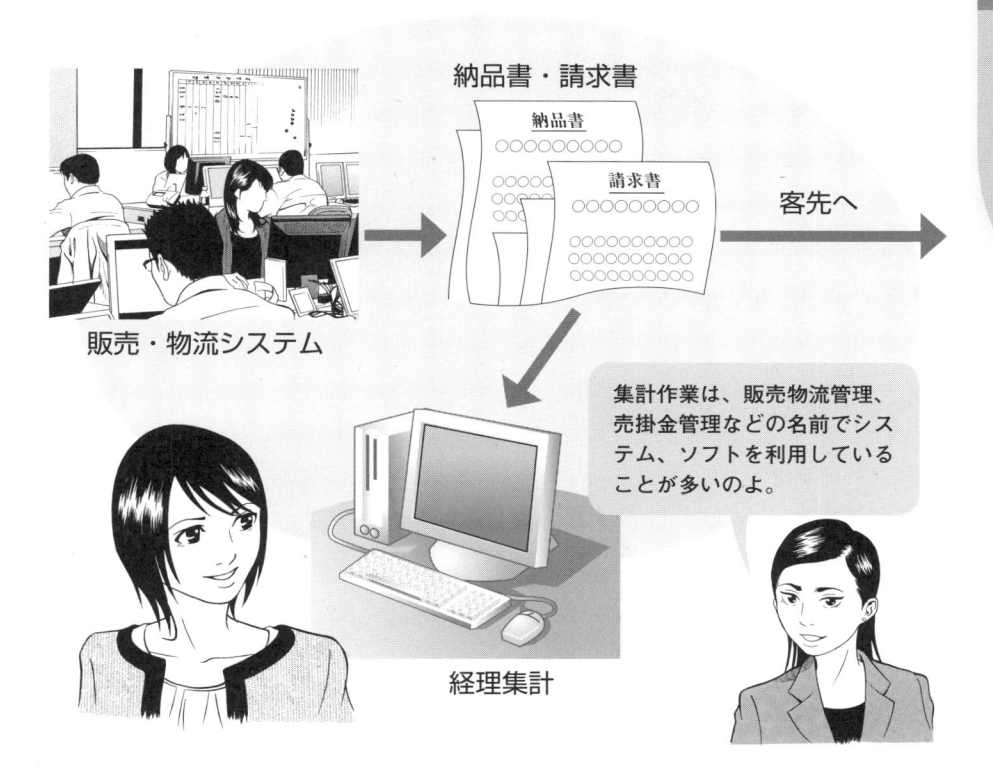

販売・物流システム

納品書・請求書 → 客先へ

集計作業は、販売物流管理、売掛金管理などの名前でシステム、ソフトを利用していることが多いのよ。

経理集計

検収を受ける → **検収基準** 商品検収時に売上計上

代金を回収する → **回収基準** 代金回収時に売上計上

納入、回収などのサイクルの中で、どの時点で売上計上処理をするかは、会計基準で一定の方法が決められている。出荷基準、検収基準などと呼ぶ売上基準である。営業部門では、注文が入ってからの納期管理も重要である。

第三章 日常の業務

売上と回収から生まれる仕事

請求と入金
（売掛金管理）

先輩からのアドバイス

取引先からの入金がきちんと行われているか、納品書と照らし合わせて確認する

月末残高の不一致の原因を追及する

　商品の出荷納入のときに、その都度「**納品書**」を添付するのが一般的な商慣習である。このとき、「**請求書**」を合わせて送付することも多い。

　継続的な取引先に対しては、あらかじめ取引条件を設定しておき、納入の集計の締め日、支払日を決める場合が多く、月末締めであれば翌月初めに請求書を客先に送り、取引条件で決められた日に、銀行送金や手形送付によって回収することになる。

　請求金額どおりに入金がなされない場合も多く、経理部員は、どの納品書分の支払いがされなかったのかを調べていく。これを「**売掛金消し込み**」という。

　回収に際しては、入金時の銀行手数料の負担確認や、手形の郵送による受取り確認なども、毎月の仕事の１つである。

　「売上高」が営業部門の大きな業績目標になるが、「回収高」という視点が重要な目標となることもある。営業マンにとって「回収入金」ということが「売掛金消し込み」で確認されて、営業のビジネスサイクルが終わるということを忘れてはならない。

Check! 違算の原因追及も経理の仕事

　客先の買掛金とこちらの売掛金の、月末残高の不一致を「違算」という。その原因の追及も経理の仕事の１つだ。違算追及の中から、請求漏れや入金漏れなどの間違いが発見されたり、不正が発覚したりすることもある。

売掛金管理の流れ

商品の出荷 
- 納品書発行
- 売上台帳・売掛金台帳への記帳

請求 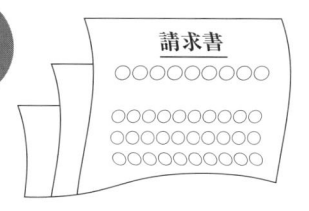
- 請求書発行

代金回収
- 入金伝票発行
- 売掛金台帳への記帳

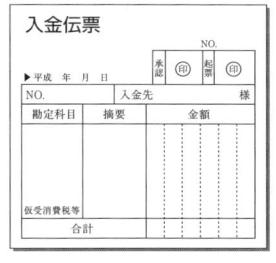

売掛金消し込み
- 売掛金台帳と請求書を照らし合わせ、どの納品書分の支払いがされているのか、されていないのかを調べていく。
- 請求額と入金額の差異が生じていた場合、営業部門への確認、相手先への確認・督促などを行う。

> 売掛金消し込みのときに手数料も忘れないように。

第三章 日常の業務

売上と回収から生まれる仕事

取引先の信頼性を見る「債権信用管理」

先輩からのアドバイス
売掛金の回収が滞りだしたら、新たなルール設定を行う

信用力を調べ、適切な対応方法を判断する

債権信用管理とは、**与信管理**ともいわれる仕事である。取引先に信用があるときは掛売りができるが、信用に不安があるときは、現金取引が基本となる。取引先の信用を調査する方法としては、財務諸表などを入手し、取引先の安全性の評価を行うのが一般的だ。しかし、非上場の会社では、ほとんどが決算書を公開していないので、信用力を調べるのは難しい。

与信を行う場合は、その取引先にいくらまでなら売ってもいいのか、という与信限度額を設定し、売掛金の残高が超過しないように注意することが重要である。たとえば、回収サイト60日であれば想定月商額の2倍＋aに設定を行う。回収が予定どおりにされていれば問題はないが、回収が滞りだすと、売掛金残高が与信限度額まで到達してしまう。そのような事態になったら、回収が進まなければ出荷をしない、という仕組みをとることも大切だ。

――――

A社からの入金が今月は遅れています…

A社が？ 今までそんなことなかったのに…ちょっと調べてみるか

信用管理を行うときのポイント

信用調査
・営業部門からの情報
・外部（興信所など）からの情報
・取引会社の財務分析

与信管理
・与信限度額の設定
・与信限度額の管理

事前の債権保全
・取引基本契約
・担保の設定
・保証金の預り

日常管理
・危険兆候の把握
・定期的な信用調査

> 業界での取引先の噂や訪問時の雰囲気など、数値以外の情報にも注意し、その情報を社内で共有するなどして、不良債権を抱えないために適切な対応をとることが大切だ。

危険兆候

・経営者の言動、行動が派手になる。
・優秀な社員が退社していく。
・少額の支払いまで手形を振り出す。
・商品の返品やクレームが多発している。
・不動産の売却など、本業以外の取引が多くなる。
・他の取引先や社員からよくない噂が出る。
など

売上と回収から生まれる仕事

小切手、受取手形の回収

先輩からのアドバイス
小切手と手形を現金化するための
記載必須事項に注意する

減少傾向にあるが、おさえておきたい小切手・手形の扱い方

手形は期日までに日数があり、そのときまで現金化することができないが、資金が必要なときは、その手形を銀行で割り引くことにより、借入を受けることができる（**手形の割引**）。しかし、振出人の資金不足などにより期日までに決済されない場合（**不渡り**）は、手形金額を銀行に返済しなければならない。

営業社員が客先から小切手や手形を受け取る場合には、その記載必須事項を必ず確認することが大切である。手形や信用管理のことを営業社員に教育することも、経理の仕事の1つだ。手形を資金化する方法については、右の表の①～③を覚えておこう。

近年、我が国全体で、小切手、手形の発行数は減少しており、銀行送金が主流となっている。大会社においては、手形発行に替えて、「**ファクタリング**」という期日払いの送金も増加傾向にある。

Step UP! ファクタリングとは？

手形は、割引により現金化できるが、期日払いの場合は現金化できない。期日払いを手形のように即座に現金化する手法が「ファクタリング」と呼ばれるものである。会社が売掛債権をファクタリング会社に売却して、後日、ファクタリング会社が会社に代わって回収することになる。

小切手、手形を回収したときの注意点

小切手を回収したときの注意点

- 受取人の記載はなく、持参人払いなので紛失には注意する
- 受け取ったらすぐに銀行へ入金する
- 呈示期間は振出日から10日間
- 資金化するのに最低2日はかかる

手形を回収したときの注意点

- 回収したときは、会社の金庫に速やかに保管し、紛失盗難に気をつける
- 呈示期間は期日から3日間
- 手形の場合も期日取り立てであっても早めに銀行へ取り立て依頼すること

手形を資金化する方法

①**手形の決済（期日落ち）**	期日まで手形を所有し、期日になったら資金化（現金化）すること。なお、振出人の資金不足や不備が生じて、期日がきても決済されない手形のことを「不渡手形」という。
②**手形の割引**	期日前に、手形を担保に銀行などから借入を行う方法。期日決済されるまで債務（手形の支払い義務）は残る。
③**手形の裏書**	手持ち手形を第三者に回すことにより債務（買掛金など）を清算する方法。これにより自社からの資金流出が抑えられる。

手形自体は比較的自由に他人に譲渡できる
しかし不渡りになったときは要注意だ

債権回収を急ぐとともに会計上は不渡手形として固定資産の科目になる

売上と回収から生まれる仕事

外国の企業との取引（外国為替業務）

先輩からのアドバイス
外為業務は実務経験が重要。
経験して覚えよう

数々のリスクに配慮した対応が求められる

　外国為替業務は、輸出、輸入が多い会社に特有の仕事である。海外子会社があれば子会社経由の売上となり、与信管理は発生しないが、海外の客先への直売となると、大きな回収リスクが存在する。

　このリスクを回避する手段として、さまざまな国際間の仕組みがある。その代表となるのが、銀行の発行する**信用状（L/C）**の仕組みである。ただし、信用状を使う場合には、厳密に信用状の条件どおりの出荷が銀行保証の条件となるなど、実務上専門知識がいる。

　外国為替を直接扱える銀行は限られており、手数料も高いことや、通貨が外貨の場合は為替リスクも存在することなどから、輸出入業務に精通することが求められる。

Check! 信用状（L/C）による信用補完

　貿易取引を円滑に行うために、輸出者は手形を振り出し、輸入者が手形代金決済と引き換えに貨物を引き渡す「荷為替手形の仕組み」があるが、それに銀行からの信用状（Letter of Credit：L/C）をつけることにより、信用補完を行う。信用状発行銀行のリスク管理が求められることもある。

輸出での安全な債権の回収

売買契約書に決済条件を明示しておく。

決済条件の例

①輸出代金を前受する(cash in advance)
輸出する前に相手から代金を自社の銀行口座に送金してもらう。

②銀行の発行する信用状取引とする(Letter of Credit)
いわゆるL/C取引で、銀行が代金回収を保証する。その分、手間や手数料がかかる。また、信用状のないD/P、あるいはD/A手形取引という方法もある。

③輸出代金を後払いとする
相手が物品を受け取ったのちに、自社の銀行口座に送金してもらう。支払われない場合の回収リスクがある。

> 輸出先の企業の信用管理は銀行で行われ特に問題なければ取引銀行よりL/Cが発行されるんだ

仕入と購買から生まれる仕事

買掛金と未払金

先輩からのアドバイス
仕入台帳の管理が
取引先管理の一環として行われる

買掛金を計上するタイミングは検収基準が一般的

買掛金とは、商品や原材料の仕入代金を「掛」で購入した場合に使用する科目であり、**未払金**とは、役務提供などを受けたが、まだ支払いをしていないときに使用する科目である。これと似た科目で、**未払費用**がある。

原材料や商品の仕入をするとき、コストだけでなく、発注量、品質、納期などの管理が重要になってくる。そのため、仕入先には安定的な供給を求め、継続的な取引となることが多い。

買掛金の管理は、単なる仕入台帳の管理ではなく、購買仕入部門の取引先管理の一環としても行われる。

仕入の流れと仕入計上基準の種類

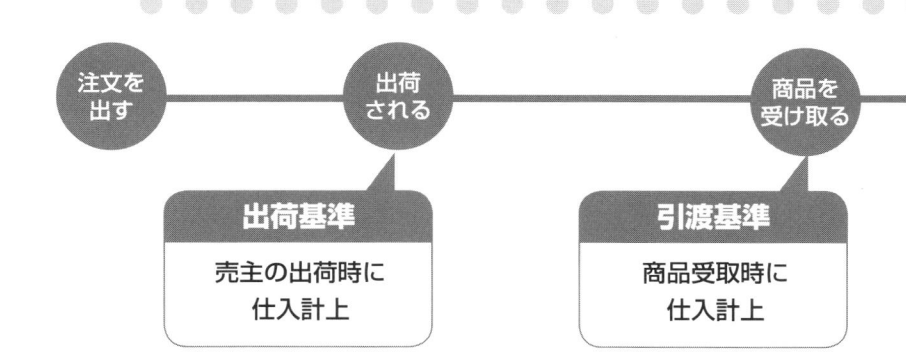

- 注文を出す
- 出荷される → **出荷基準** 売主の出荷時に仕入計上
- 商品を受け取る → **引渡基準** 商品受取時に仕入計上

仕入台帳のサンプル

仕入先名	前月残	仕入高	有償支給高	支払額	当月残	支払予定額		
						相殺	手形	現金
A社								
B社								
⋮								
合計								

仕入台帳は、仕入や支払いの「お金」の動きを毎月示すもの。これ以外に「仕入先管理」、つまり仕入先が期待するQ・C・D（製造業の生産管理における品質・コスト・納期）を常に満たせる操業をしているかをチェックすることが重要なのよ。

Check! 製造業の場合

製造業の場合には、取引先から有償や無償で材料の支給を受けることもあり、これらも仕入台帳に記載していく。買掛金（仕入）の計上タイミングは、物が届いて、数量、形状、品質などを確認した時点、つまり検収基準が一般的である。一度採用した基準は毎期継続していくことが基本となる。

検収する → **代金を支払う**

検収基準
商品検収時に仕入計上

支払基準
代金支払時に仕入計上

大企業と中小企業との取引では、支払い遅延防止など中小企業育成保護のための規制もある。

第三章　日常の業務

仕入と購買から生まれる仕事

在庫管理の仕組み

先輩からのアドバイス

決算期末における在庫評価は
決算損益に大きな影響を与える

金額以外の「在庫管理」も把握しておく

　商品、製品を扱う会社では、**在庫管理**が重要な仕事になる。**適正在庫**、**リードタイム**、**かんばん方式**など、在庫管理、物流管理に関する仕組みは多彩なものがある。

　経理の視点からは、製品、仕掛品、原材料などの「**たな卸資産**」は、会社の財産の中でも多額であり、移動の激しい流動的な資産である。特に製造業の場合は、生産管理の一環としても重要な仕事の1つである。

　その在庫の決算期末における確認や評価は、決算損益にも大きな影響を与える。経理部門は、工場の原価部門からあがってくる在庫管理情報を使って決算をすることになる。

　経理の担当者は、在庫管理の中で何が起こっているのかを日々理解しておく必要があるのだ。

たとえば、材料倉庫では「材料入庫→材料保管→材料出庫」の動きの中で、在庫金額の報告だけでなく、たな卸差額、廃棄数量、滞留在庫、単価差額、不良返品など、損益に影響を与える事項も報告されるのよ。

たな卸資産台帳の例

日付	摘要	受払	数量	単価	金額	数量残	金額残
6/1	繰越		50	10	500	50	500
6/5	A社	受入	10	10	100	60	600
6/10	製造	払出	15	10	150	45	450

在庫管理の流れ

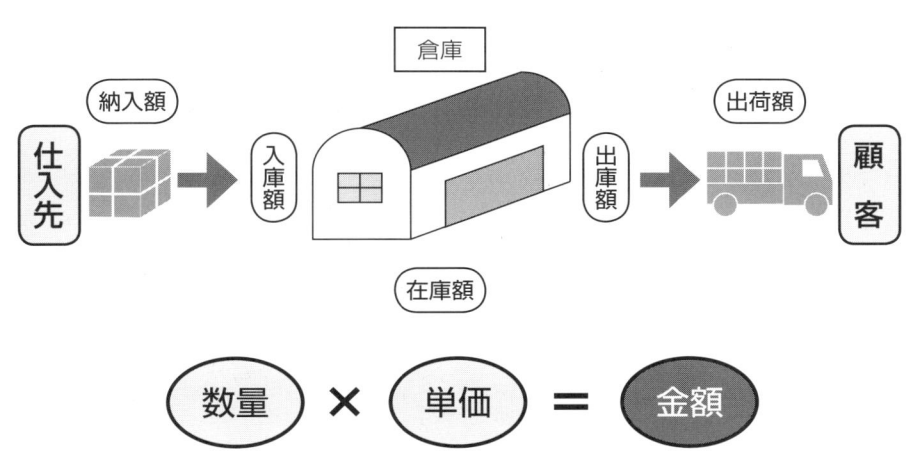

仕入先 →（納入額）→ 入庫額 → 倉庫 → 出庫額 → 出荷額 → 顧客

在庫額

数量 × 単価 = 金額

数量と単価によって在庫を管理する。また良好な保管状態の確認など、数量、単価以外にも注意すること。

> 在庫管理や物流管理の方法には
> さまざまな仕組みが考え出されている。
> 特に保有在庫は決算損益に影響が出るから、
> 無駄のない効率的な管理方法が求められているんだ。

第三章　日常の業務

仕入と購買から生まれる仕事

原価管理の基本

先輩からのアドバイス

原価管理は損益管理にも通ずる

原価計算の仕組みと原価管理用語を理解しておこう

「企業会計原則」と同じようなものに「**原価計算基準**」がある。一般的な原価計算の規範を示したもので、**標準原価計算**、**直接原価計算**など内容は多岐にわたる。

経理部門は、損益管理のために、多少なりとも原価計算部門とは関わりを持つ。在庫の評価金額、原材料の消費額、完成品の出来高などをもって、売上原価、製造原価の数字を算定することになる。

製造部門では、損益計算書にあたる「**製造原価明細表**」が作られる。工場でのすべての投入原価と製品の完成高の差額が、その期間の工場の損益となる。それを想定した予算と比較して、コスト変動の要因を探るのである。

原価計算の目的

①財務諸表の作成のため
②製品の価格を決めるため
③生産を最適にすすめるため
④予算統制のため
⑤経営の判断とするため

経理の初心者は、まず、原価費目、間接費、加工費、賃率、配賦方法、原価差額、稼働率など、製造部門で使われている原価管理の用語を理解することからはじめよう。

原価管理から利益拡大を図る

製品A
売価 100

| 材料費 25 | 製造経費 15 | 労務費 20 | 販売管理費 25 | 利益 15 |

製品B
売価 100

| 材料費 20 | 製造経費 20 | 労務費 15 | 販売管理費 15 | 利益 30 |

理論　製品Aを1個と製品Bを1個ずつ売り上げれば、利益は
15＋30＝45円
得られるはずであった。

不一致 ・・・・・▶ 原因を探ることで利益拡大を図る！

現実　しかし、会社の損益計算書（P/L）での利益は**40円**だった。

利益をあげるために材料費などを削っても品質が下がってしまったら売上にも影響してしまうだろう…

仕入と購買から生まれる仕事

在庫評価方法

先輩からのアドバイス
仕入単価の変動に合わせて
在庫評価方法が決まる

「原価法」または「低価法」を用いて評価する

　卸業の場合、売上原価の計算は、**期首たな卸額（期首在庫）** に当期の仕入高を加え、**期末たな卸額（期末在庫）** を引いて算出するのが一般的である。

　この計算は「数量×単価」で算出する。仕入単価は、その都度変動するので、すべての在庫が同じ単価というわけではなく、在庫計算での単価の評価方法を決めて計算をする。

　在庫評価方法は、**原価法**と**低価法**の2種類がある。低価法とは、期末時価が在庫単価より低い場合に期末時価で評価する方法である。また、原価法には、個別法、先入先出法、単純平均法、移動平均法、最終仕入原価法、売価還元法がある。

　中小企業の場合、在庫計算が煩雑であれば**最終仕入原価法**をとることが多いが、大企業ではこの方法を認めていない。

　商品の実際単価は、その都度変動するので、社内では「**社内単価**」を決めておき、その単価で管理することも多い。滞留在庫（デッドストック）は、「減損」の処理を行い、評価額を落とすことも行う。

会計上の単価の計算が実務上難しいケースもある。そのような場合、受発注システムにおいて社内単価（標準単価）を設定し、定期的に見直す運用を行っている会社もある。

原価法と低価法

原価法

原価法には、個別法、先入先出法、単純平均法、移動平均法、最終仕入原価法、売価還元法の評価方法があり、主に以下の評価方法がよく使われる。

先入先出法	先に仕入れたものを先に使ったとして計算する方法
移動平均法	出庫する直前の数量残と金額残から、平均単価をその都度計算する方法
最終仕入原価法	期中の最後に仕入れた単価を期末数量残に乗じて期末残高を算出する方法

●先入先出法の場合

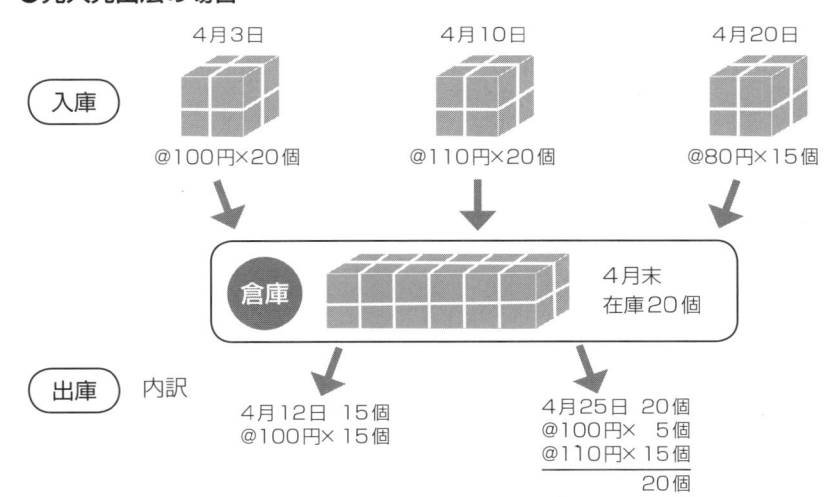

4月3日 入庫 @100円×20個
4月10日 入庫 @110円×20個
4月20日 入庫 @80円×15個

倉庫 4月末 在庫20個

出庫 内訳
4月12日 15個
@100円×15個

4月25日 20個
@100円× 5個
@110円×15個
20個

製品受払台帳

	月初在庫			入庫			出庫			月末在庫		
	単価	数量	金額	単価	数量	金額	単価	数量	金額	単価	数量	金額
4月1日	0	0	0									
3日				100	20	2,000						
10日				110	20	2,200						
12日							100	15	1,500			
20日				80	15	1,200						
25日							100	5	500			
							110	15	1,650			
30日										110	5	550
										80	15	1,200
4月合計					55	5,400		35	3,650		20	1,750

低価法

期末時価が在庫単価より低い場合に、期末時価で評価する方法。

仕入と購買から生まれる仕事

たな卸の仕組み

先輩からのアドバイス
実地たな卸で現場の在庫管理状態を確認することが大切

日頃から在庫台帳を作成し、常に整理整頓しておく

　決算期末に、製品や商品の在り高を、実際に計量カウントすることを、**期末実地たな卸**と呼ぶ。通常は、在庫の動きを帳簿につけて管理（**在庫管理**）しているので、帳簿上での在庫高を把握している。この帳簿残高と実地たな卸による残高の差数が、**たな卸差額**と呼ばれる。

　実地たな卸は、「実施日」「実施者」「立会者」を場所ごとに決めて、一斉に在庫品の計量を行い、その際に不良状態の在庫品や、仕入先からの預り品、修理返品なども見つけ、区分する。

　たな卸付箋のような、帳票に数量を記載する方式もあれば、**循環たな卸**と呼ばれる、実施日を替えて行う方法もある。どのようなやり方の実地たな卸をする場合でも、常に整理整頓しておくことが重要である。日頃の在庫台帳を作成していないところは〝ドンブリ〟勘定となり、実地たな卸が唯一の在庫計算のもととなるので、非常に重要である。

　上場企業などは、監査部門や公認会計士が実地たな卸作業に立ち会うケースが多い。

在庫の管理は、「どの商品を」「いくら（数量）」「いつ」生産する（仕入れる）のかを判断する、重要かつ基本的な情報といえるんだ。

実地たな卸の仕組み

帳簿残高

製品受払台帳

	月初在庫			入庫			出庫			月末在庫	
	単価	数量	金額	単価	数量	金額	単価	数量	金額	単価	数量	金額
	・	・	・	・	・	・	・	・	・	・	・	・
	・	・	・	・	・	・	・	・	・	・	・	・
	・	・	・	・	・	・	・	・	・	・	21	・

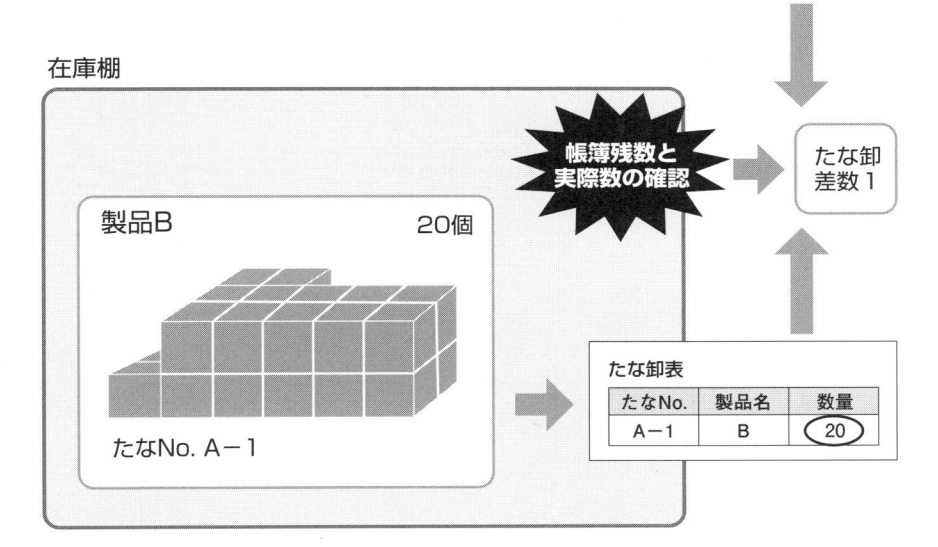

在庫棚

製品B　20個
たなNo. A−1

帳簿残数と実際数の確認

たな卸差数1

たな卸表

たなNo.	製品名	数量
A−1	B	20

大きな倉庫などでの実地たな卸作業は大人数の作業になる　手分けをして分担を決め一斉に在庫品のチェックを行う

第四章
経理の仕事
～人に関する業務～

　人に関しての業務は、「人事業務」「総務業務」と呼ばれることが多い。大きな会社では、経理部門と人事・総務部門とが分かれているが、中小法人では、経理部門がこれらの業務を兼務している、あるいは総務部門が経理業務を行っている場合も多い。

　第四章では、人に関する業務のなかの、経理に関連する部分を説明していこう。

人から生まれる仕事

「人」に関するコストとは？ ……… 94

給与の計算……………………………… 96

社会保険の処理方法………………… 98

所得税、住民税の徴収と納付…… 100

社員の給与はもちろん そこから生じる 保険や税金の計算も 経理が管理していく

給与計算以外から生まれる仕事

賞与と退職金の処理方法………………102

福利厚生費の範囲……………………104

役員報酬の条件………………………106

年金の種類と処理方法………………108

毎月の給与以外でも 社員、役員に関わる お金はいろいろとある

人から生まれる仕事

「人」に関するコストとは？

先輩からのアドバイス
人件費や人事制度に関心をもって、「人」に関する仕事をこなしていこう

経理は「人」に関わる費用すべてを請け負う

経営資源の重要なものの1つに、「人」がある。「人」に関する費用には、**賃金**や**賞与**など従業員に直接支払われる費用だけでなく、**福利厚生費、年金費用、業務委託費**などもある。

これらすべての「総人件費」をどのようにコントロールしていくのかが、最近の人事課題となっている。人に関わる費用を硬直化させないで、事業の変動とともに柔軟なコストとして管理していくのが昨今の傾向だ。

現在では、基準内賃金、賞与、超過勤務手当が総人件費の約80％を占めており、残りを社会保険料などの福利厚生費が占めている。広義にみれば、役員報酬、教育訓練費、募集費、業務委託費、派遣社員費なども、「人」に関する費用といえるかもしれない。これらすべての費用の支出が、経理部門によって処理されている。

…人員削減

大変残念ですがこの度早期退職者優遇制度を導入しなくてはならなくなりました…

営業本部では20名の人員削減を実施していただくこととなります…

人に関わるすべてのコスト

役員

社員

派遣社員

パート

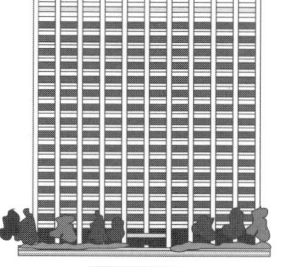

会社

業務委託

人材育成

- 賃金・賞与
- 退職金・年金
- 法定福利費
- 業務委託費・派遣社員費
- 教育訓練費
- その他

人に関わるすべてのコスト
＝
総人件費

コントロール

第四章　人に関する業務

人から生まれる仕事

給与の計算

先輩からのアドバイス
給与の計算は、毎月必ず発生する仕事となる

給与は人件費や福利厚生費として費用処理する

賃金は、①毎月、②本人に、③現金で全額を支払わねばならない原則が、労働基準法で決められている。

通常は、本給にさまざまな手当を加算し、そこから健康保険などの社会保険料と所得税などの税金を控除した額を本人に支払う。会社は社会保険を預り、税金を源泉徴収する義務がある。

給与明細書の例

給 与 明 細 書

従業員No.	部課コード	氏　名	
XXXX00	000002	○○　○○	様

支給額	基本給	役付手当	家族手当	住宅手当	
	190,000		10,000		
	時間外手当	欠勤控除	遅刻早退控除	通勤手当	
				15,000	
控除額	健康保険	厚生年金	雇用保険	所得税	住民税
	9,009	17,274	860	3,690	3,000

受領印
支給額合計
215,000
控除額合計
33,833
差引支給額
181,167

給与は、基本給や住宅手当などの**基準内賃金**と、超過勤務手当などの**基準外賃金**に分けられる。

最近は、給与、賞与の本人への支払いも銀行振り込みによるケースが多い。個人別の振込送金明細を銀行に持ち込み、送金処理を行う場合や、データ通信による銀行への直接送信も増えてきた。経理部門では、給与計算された結果を、各部門の人件費や福利厚生費として費用処理する。

　従業員にとって、出張旅費や通勤手当などは、非課税所得として所得税が課税されないが、社宅の低価貸与、金銭の無利息貸付、多額の報奨金などは「経済的利益」あるいは「現物給与」と呼ばれ、給与の一部として、所得税が課税される。

給与の計算方法（左ページの給与明細書をもとに）

給与規定に基づき支給額を計算する。
　　本給　　　　　　200,000円
　　通勤手当　など　 15,000円
　　　　　　　　　　215,000円

⬇

厚生年金17,274円、健康保険9,009円、住民税3,000円を
それぞれの通知書（報酬月額などから算定され、個人別に通知されてくる）
をもとに控除する。→185,717円

⬇

雇用保険料率を乗じて、雇用保険料（860円）を算出し、控除する。→184,857円

⬇

所得金額を算定して、月額表から所得税額（3,690円）を算出し、控除する。→181,167円

⬇

本人への支給額（181,167円）が算出され、確定。

⬇

個人別の賃金台帳に記入する。給与支給帳の作成をする。

⬇

本人の口座に振込送金する（または給与支給袋に現金をつめる）。

人から生まれる仕事

社会保険の処理方法

先輩からのアドバイス

健康保険、厚生年金は会社と従業員の折半負担、労災保険はすべて会社負担だ

社会保険は人件費に関する費用として処理する

　社会保険は、狭義では**健康保険**、**厚生年金**をいい、広義では**雇用保険**、**労災保険**の**労働保険**も含めた社会保険制度のことをいう。

　狭義の社会保険は、社会保険事務所が窓口であり、労災保険は労働基準監督署、雇用保険はハローワークが窓口である。

　健康保険、厚生年金は、個人別に4月から6月の3か月の給与総額から、**標準報酬月額**の算出や届出を行い、その結果が個々人の社会保険料になる。これらの費用は、通常、会社と従業員の折半負担である。

　労働保険については、毎年概算で労働保険を計算しておき、翌年に精算する方法となっている。労災保険の費用は、すべて会社負担である。

　毎月の給与から、社会保険料の従業員負担分を預かり、会社負担分を含めて、翌月に納付することが、社会保険納付の仕事である。

　従業員の入社、退社の度に、社会保険の加入・脱退手続きの仕事が発生することになる。

満40歳以上の人に課せられる
「介護保険」や「児童手当拠出金」なども、
人件費に関わる費用であることを覚えておこう。

厚生年金保険料額表（平成21年度9月分）

(単位：円)

標準報酬			報酬月額		一般 （厚生年金基金加入員を除く）		坑内員・船員 （厚生年金基金加入員を除く）	
等級	月額	日額			全額 15.704%	折半額 7.852%	全額 16.448%	折半額 8.224%
1	98,000	3,270	円以上 ～	円未満 101,000	15,389.92	7,694.96	16,119.04	8,059.52
2	104,000	3,470	101,000 ～	107,000	16,332.16	8,166.08	17,105.92	8,552.96
3	110,000	3,670	107,000 ～	114,000	17,274.40	8,637.20	18,092.80	9,046.40
4	118,000	3,930	114,000 ～	122,000	18,530.72	9,265.36	19,408.64	9,704.32
5	126,000	4,200	122,000 ～	130,000	19,787.04	9,893.52	20,724.48	11,678.08
6	134,000	4,470	130,000 ～	138,000	21,043.36	10,521.68	22,040.32	11,020.16
7	142,000	4,730	138,000 ～	146,000	22,299.68	11,149.84	23,356.16	11,678.08
8	150,000	5,000	146,000 ～	155,000	23,556.00	11,778.00	24,672.00	12,336.00
9	160,000	5,330	155,000 ～	165,000	25,126.40	12,563.20	26,316.80	13,158.40
⋮	⋮	⋮	⋮		⋮	⋮	⋮	⋮
30	620,000	20,670	605,000 ～		97,364.80	48,682.40	101,977.60	50,988.80

健康保険、厚生年金は、個人別に4月から6月の3か月の給与総額から、標準報酬月額の算出や届出が行われる。

通常、保険料の負担は会社と従業員の折半負担である。

労働保険のうちの労災保険料は全額が会社負担となる。

業務中に事故に遭った場合の治療費は労災保険で支払われるんだ。

人から生まれる仕事

所得税、住民税の徴収と納付

先輩からのアドバイス
所得税の納付額は給与と賞与で控除算式が異なる

源泉所得税を徴収し、翌月10日までに税務署へ納付

　会社は、給与や賞与の支払時に**源泉所得税**を徴収し、翌月10日までに税務署に納付しなければならない。

　従業員10人未満の小規模な会社は、届出をすることにより、税務署への源泉所得税の納付を1月と7月の年2回にまとめることができる。

　毎月の源泉所得税額は年初めに従業員から提出される「給与所得者の扶養控除等申告書」に記載された扶養家族の人数と、その月の給与の支給額（社会保険料控除後の給与支給額）から算定される。

　所得税は、給与と賞与の控除算式が異なるので、**年末調整**によって12月に通年分の再計算を行う。高額の給与所得者は、個々人による確定申告が必要になる。

そういえば「給与所得者の扶養控除等申告書」今年も書かなきゃいけないんだっけ？

ええ　そうです　年内に提出してください

個人で入られている保険などがあればそれも申告してください

源泉徴収税月額表（平成22年4月以降分）

その月の社会保険料等控除後の給与等の全額		甲 扶養親族等の数								乙
以上	未満	0人	1人	2人	3人	4人	5人	6人	7人	
		税					額			税　額
円	円	円	円	円	円	円	円	円	円	円
167,000	169,000	3,550	1,960	380	0	0	0	0	0	11,200
169,000	171,000	3,620	2,030	450	0	0	0	0	0	11,500
171,000	173,000	3,690	2,100	520	0	0	0	0	0	11,800
173,000	175,000	3,760	2,170	590	0	0	0	0	0	12,100
175,000	177,000	3,830	2,240	660	0	0	0	0	0	12,400
177,000	179,000	3,900	2,310	730	0	0	0	0	0	12,900
179,000	181,000	3,970	2,380	800	0	0	0	0	0	13,600

給与172,000円で扶養親族1人の場合、2,100円が源泉所得税となる

住民税の徴収方法は2種類ある

住民税は前年の所得をもとに計算され、会社が給与控除する**特別徴収**である。本人が市区町村に直接納付する**普通徴収**もある。原則は特別徴収であるが、小さな会社では普通徴収のケースもある。

住民税は、毎年春に決定通知と6月から翌年5月までの納付書が送付されてくる。

Check! 特別徴収と普通徴収

毎年1月末、会社が市区町村に給与支払報告書を送付するとき、会社が住民税の源泉徴収を行わない選択をすることがある。これを「普通徴収」と呼ぶ。個人事業者なども普通徴収であり、市区町村から送付されてくる納付書に基づき、各人が住民税をそれぞれ納付する。一方、会社が従業員の住民税を給与から預ることを「特別徴収」という。

給与計算以外から生まれる仕事

賞与と退職金の処理方法

先輩からのアドバイス

毎月の給与以外に、一時的に支払われるものとして、賞与と退職金がある

賞与は、給与とは別計算して源泉所得税などを徴収、納付する

毎月の給与以外に、一時的に支払われるものとして、**賞与**がある。

賞与は4月〜9月の上期の業績に応じた賞与を12月に支給し、10月〜3月の下期分を6月に支給するケースが多い。このため、3月決算期の会社は、6月分の賞与支給相当額を推定して**賞与引当金**として計上する。賞与の支払時には、給与とは別の方法で計算した源泉所得税や社会保険料を徴収し、納付することになる。

Check! 将来の損失に備えた「引当金」

引当金とは、将来の損失に備えるために負債に計上するものであり、右の4つの計上条件が必要である。

①当期以前の事象に起因していること
②特定の費用または損失であること
③発生の可能性が高いこと
④金額を合理的に見積りできること

わたしは今日で定年だ

退職金まで貰えて幸せ者だ　いろいろありがとう

将来の退職金の支払いに備えて、退職給付引当金を計上する

多くの会社では、従業員が退職した際に**退職金**を支給する。退職金の場合、支給時に「退職所得の受給に関する申告書」を本人が作成しなければならない。これによって、退職所得への課税が軽減される。退職所得に対する課税は、(退職所得―退職所得控除額)×1／2に対して、税率を乗じて算出する。

会社は、将来の退職金の支払いに備えて、従業員全員が退職したと想定した支給相当額を**退職給付引当金**として計上することになる。

退職所得の控除額

勤続20年以下	勤続年数×40万円
勤続20年超	800万円＋(勤続年数―20)×70万円

退職金支払いの流れ

1　就業規則の退職金支給規定より、退職金額を算出する

↓

2　「退職所得の受給に関する申告書」の提出（本人より）

↓

3　退職所得の控除額と退職所得税額を算出　退職金支給

↓

4　源泉徴収額を納付する

↓

5　本人に「退職所得の源泉徴収票」を交付

> 退職金を企業年金に替えて受け取る制度もある。企業年金の受け取りは、「雑所得」としてその都度課税される。

給与計算以外から生まれる仕事

福利厚生費の範囲

先輩からのアドバイス
税法で認められている
福利厚生費を把握しよう

福利厚生費になるものとならないものは何か

福利厚生費は、**法定福利費**と**法定外福利費**に分けられる。

法定福利費とは、社会保険料の会社負担分であり、それ以外に会社が従業員のため支出した費用が法定外福利費である。

なかには、法律によって定められた福利厚生費もある。健康診断の受診料などがそれである。新年会、忘年会なども、役員だけを対象にしたものでなければ福利厚生費である。

税法では、特定の個人利益にならない場合で、常識範囲内の費用支出は福利厚生費として認めている。たとえば、海外への社員慰安旅行も、現地4泊5日以内、参加社員50％以上であれば、福利厚生費として認められている。しかし、常識外の過度な費用支出は、個人への給与とみなされる。

福利厚生費とされる例

内容	福利厚生費とされる範囲・ポイント
社員の意欲向上のための懇親会、新年会、忘年会など	特定の役員だけを対象とすると福利厚生費にできない
残業夜食代	常識的な金額であることなど
社員旅行	現地4泊5日以内、参加社員50％以上
健康診断	特定の者だけを対象にしたものでないこと

福利厚生費の範囲

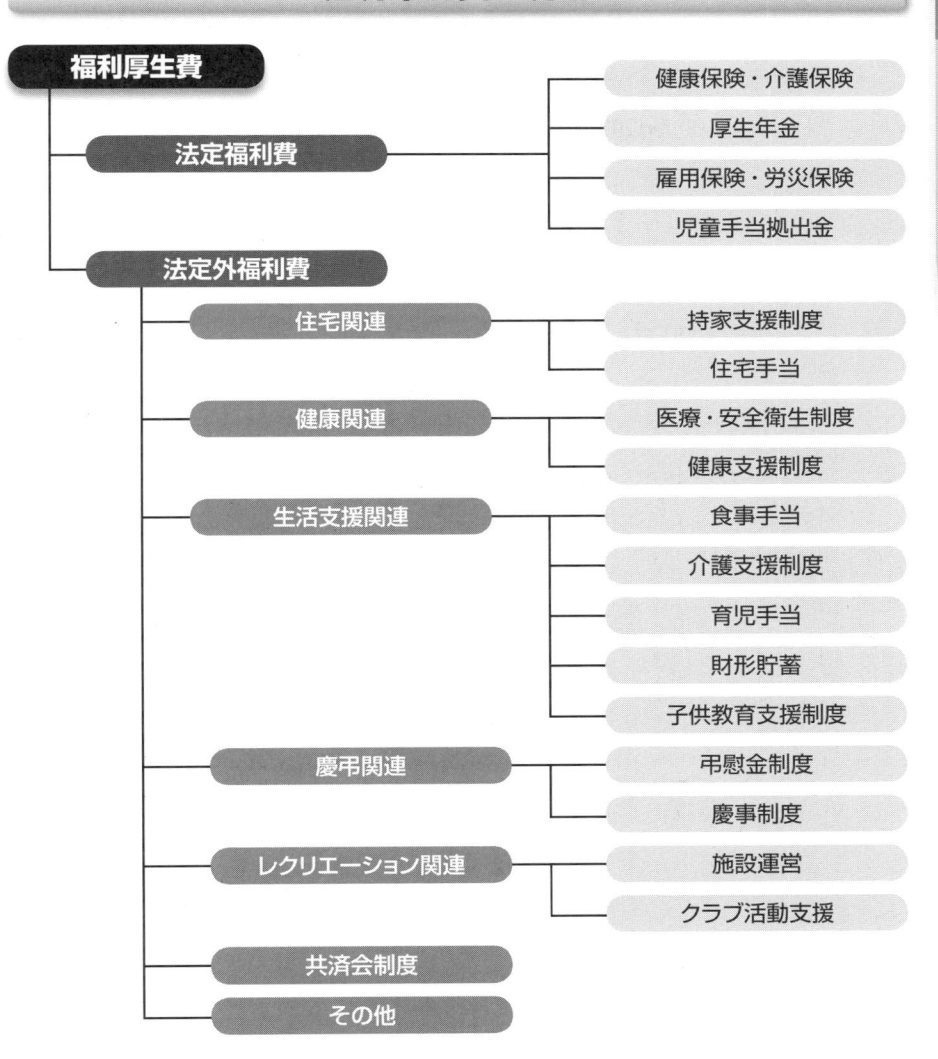

- **福利厚生費**
  - **法定福利費**
    - 健康保険・介護保険
    - 厚生年金
    - 雇用保険・労災保険
    - 児童手当拠出金
  - **法定外福利費**
    - 住宅関連
      - 持家支援制度
      - 住宅手当
    - 健康関連
      - 医療・安全衛生制度
      - 健康支援制度
    - 生活支援関連
      - 食事手当
      - 介護支援制度
      - 育児手当
      - 財形貯蓄
      - 子供教育支援制度
    - 慶弔関連
      - 弔慰金制度
      - 慶事制度
    - レクリエーション関連
      - 施設運営
      - クラブ活動支援
    - 共済会制度
    - その他

第四章　人に関する業務

会社が従業員のために福利厚生費を支出する目的は、
①職場の安全衛生環境のため
②働く意欲の向上のため
③生活を経済的に支援するため
の3つだといえる。

給与計算以外から生まれる仕事

役員報酬の条件

先輩からのアドバイス
役員の給与や賞与に対する条件には税法上一定のルールがある

税法により、定められた条件に注意

　役員の給与や賞与は、その支給額が役員自らによって決められることが多いため、税法では一定のルールを決めて、過大な**役員報酬**には課税することとしている。

　役員とは、**取締役**、**監査役**などで、税法で対象者を規定している。会社の利益調整の要素を排除するため、1年間の毎月の役員報酬が基本的に同額である「定期同額給与」であれば、損金と認めている。一方、家族経営的な「同族会社」と規定される会社役員の報酬は別扱いになっており、課税条件が厳しい。

　役員に対する社宅の貸与や貸付金、債務保証など、役員個人の利益に資することがないように、税法では、課税基準を詳細に決めている。プール付きやヨット付きの役員社宅は、社会通念上では華美なものとみなし、役員本人の所得として課税されることとなる。役員全員の報酬総額限度額や退職金の限度額は、株主総会の承認によって決められることが多い。

> 役員になると雇用関係ではなく委任関係になるので、従業員の身分は失われることになる。
> 給与はなくなり、役員報酬に代わるわけだ。

役員報酬の種類

定期同額給与	その支給時期が1か月以下の一定の期間ごとである給与で、その事業年度の各支給時期における支給額が同額であるもの
事前確定届出給与	その役員の職務につき、所定の時期に確定額を支給する旨の定めに基づいて支給する給与で、届出期限までに納税地の所轄税務署長にその事前確定届出給与に関する定めの内容の届出をしているもの
利益連動給与	同族会社以外の法人が、業務を執行する役員に対して支給する利益連動給与で、必要な要件を満たすもの

税務上、損金になるためには
上の3つのうちからの選択とすることに注意しよう。

Check! 自社株を購入できる制度「ストックオプション」

役員報酬のひとつにストックオプションがある。ストックオプションとは、役員や従業員が、あらかじめ決められた価格で会社の株式を会社から購入できる制度だ。この制度により、株式売却益を得ることができる。

株価 1株 500円 → 株価上昇 → 株価 1株 800円

取締役会

取締役会で、会社が役員に対し「一定期間のうちに1株600円で会社から株を購入できる権利」を与えることを決定。

権利を持つ人:「では、1株600円で購入します。」

株式を購入

600円で購入した株式を、直ちに800円で売却。200円の売却益を得る。

給与計算以外から生まれる仕事

年金の種類と処理方法

先輩からのアドバイス
厚生年金の会社負担分は、法定福利費として処理する

制度や用語について熟知する必要がある

　会社は、一定の条件があれば、国が定める**公的年金（厚生年金）**に従業員を加入させて、国に年金額を拠出することが義務付けられている。このため、毎月の給料から従業員の**厚生年金拠出額**を控除し、それに同額の会社拠出額を加えて、社会保険事務所に納付することになる。この会社負担分は、**法定福利費**として処理する。

　この公的年金に加えて、福利厚生策のひとつとして、年金制度をもっている会社もある。これを**企業年金**と呼び、**確定拠出年金**（通称401K型年金）と、**厚生年金基金、規約型企業年金、基金型企業年金**の4つの形態がある。適格年金と呼ばれるものもあるが、これは近い将来に4つのいずれかに移行する。

　これらの企業年金は、退職金制度とも関連して制度が作られているので、退職給付引当金の引当額の計算などとともに、決算作業で処理していくことになる。

年金に関しては
個人年金
確定給付型
予測給付債務（PBO）
などさまざまな制度や用語がある

会社によって扱っている年金制度もさまざまだ

年金制度の種類

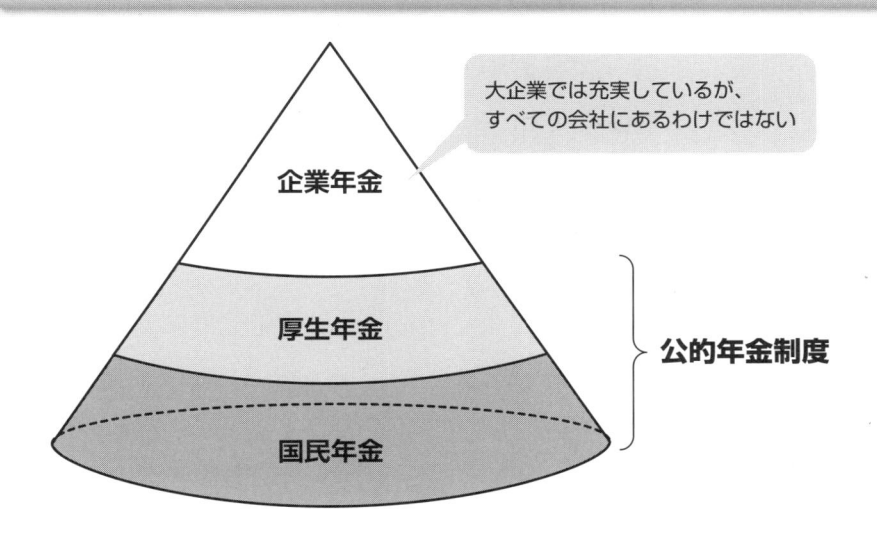

- 企業年金 — 大企業では充実しているが、すべての会社にあるわけではない
- 厚生年金 ┐
- 国民年金 ┘ 公的年金制度

第四章 人に関する業務

年金の種類

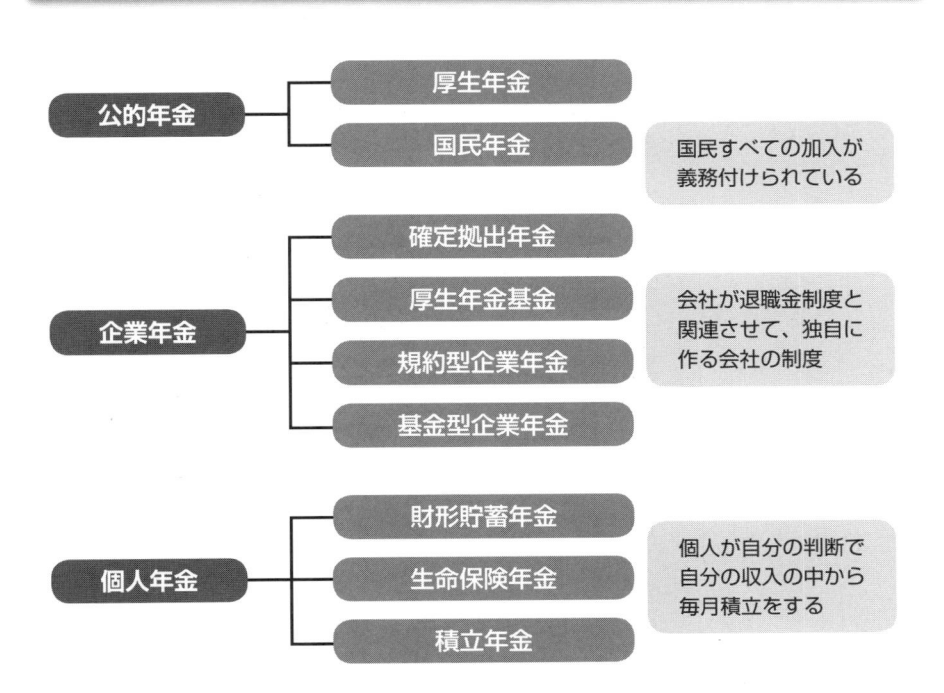

- **公的年金**
  - 厚生年金
  - 国民年金 — 国民すべての加入が義務付けられている

- **企業年金**
  - 確定拠出年金
  - 厚生年金基金
  - 規約型企業年金
  - 基金型企業年金
  — 会社が退職金制度と関連させて、独自に作る会社の制度

- **個人年金**
  - 財形貯蓄年金
  - 生命保険年金
  - 積立年金
  — 個人が自分の判断で自分の収入の中から毎月積立をする

第五章

経理の仕事
～設備投資、資金管理、利益管理に関する業務～

　第五章では、投資を行うとそれがどのように数値に反映されるか、どのような管理を行う必要があるか、といった、設備投資、資金管理、利益管理などを説明しよう。

　資金管理や利益管理も「管理会計」の領域であり、会社の意思決定と大きく関連する分野になる。意思決定のあと、あわてて資金の手配をするなどといった「後追い型」にならないよう、意思決定の段階から経理部門が参画できることが求められることを頭に入れておこう。

設備投資の管理から生まれる仕事

固定資産の種類と管理……………… 112
減価償却の仕組みと処理…………… 114
リースとレンタルの違いと仕組み… 116
無形固定資産の評価と処理法……… 118

> 会社が持っている資産にはどんなものがあるのかしら

資金の管理から生まれる仕事

資金繰りの基本と資金計画……… 120
資金調達をするときのポイント… 122
投資有価証券の評価（子会社などへの出資）……………………………… 124

> お金をどこから調達してどうやって使うのか これを上手く運用していきたいよな

利益の管理から生まれる仕事

事業計画の立案、予算の作り方……… 126
予算と実績を比較・分析する「予算管理」… 128
「損益分岐点」の分析と活用 ………… 130
経営管理指標の種類と活用…………… 132
連結決算の仕組み…………………… 134

> 予算と実績の管理は経理の最重要課題だ

設備投資の管理から生まれる仕事

固定資産の種類と管理

先輩からのアドバイス
固定資産の管理は経理の仕事。
その所在や保管状態も把握しておこう

利用保有期間の長い資産はその保管状況を把握しておく

1年以上の長期間にわたり、利用保有する資産を「**固定資産**」と呼び、現預金や製品などの「**流動資産**」とは区分する。固定資産には「**有形固定資産**」「**無形固定資産**」「**投資その他の資産**」の3種類がある（右表参照）。なお、1年以上利用するものでも、机やキャビネットなど取得したときの金額が10万円未満のものは「消耗品」として費用処理し、10万円以上の資産に関しては「固定資産」とする。また、10万円以上〜20万円未満であれば「少額資産」として別に管理でき、さらに、中小法人は年間一定額範囲なら、30万円未満のものは固定資産扱いをしなくていいことも認められている。なお、ソフトウェアや権利金などは、「無形固定資産」に、長期保有する有価証券や長期貸付金などは「投資その他の資産」になる。

これら固定資産は一品ごとに台帳をつけて、現物の所在や保管状況を把握しておく。特にパソコンなど持ち運びできるものは、番号を記したシールを貼るなどして現物の管理をするといいだろう。

固定資産の管理には償却方法・耐用年数・償却率などがひと目でわかる

「固定資産台帳」を作成しておくといいだろう

固定資産は大別すると3種類

有形固定資産	・土地 ・建物 ・構築物 ・機械装置	・車両運搬具 ・工具器具備品 ・建設仮勘定　など
無形固定資産	・営業権（のれん） ・商標権 ・特許権 ・実用新案権	・借地権 ・意匠権 ・漁業権 ・ソフトウェア　など
投資その他の資産	・投資有価証券 ・関係会社株式 ・長期貸付金 ・長期売掛金　など	

少額資産の判定のしかた

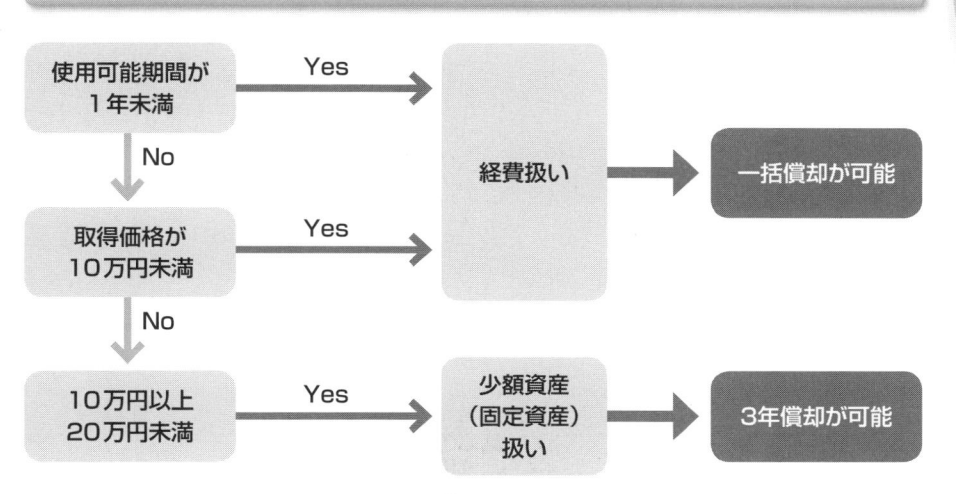

- 使用可能期間が1年未満 → Yes → 経費扱い → 一括償却が可能
- No ↓
- 取得価格が10万円未満 → Yes → 経費扱い → 一括償却が可能
- No ↓
- 10万円以上20万円未満 → Yes → 少額資産（固定資産）扱い → 3年償却が可能

たとえば、3万円の事務机と椅子のセットを10セット購入したとしよう。
合計30万円だが、この場合は1組ごとの金額で計上するから、経費となる。

ところが、セット一式で30万円の応接セットの場合は、金額が先の事務机と椅子のセットの合計と同額であっても、少額資産扱いにもならず、固定資産となる。

第五章　設備投資、資金管理、利益管理に関する業務

設備投資の管理から生まれる仕事

減価償却の仕組みと処理

先輩からのアドバイス
定額法か定率法か、減価償却計算の方法を税務署に届けておくこと

モノの価値を経年ごとに費用化する

　固定資産の中で、時間とともに価値が減少していくもの、たとえば建物や営業用車両などを「**減価償却資産**」と呼ぶ。一方、土地や高額な骨董品など、経年でその価値が下がらないものは、減価償却資産扱いされない。

　減価償却資産は、1件ごとに使用可能年数（耐用年数）に応じて、一定の手順で価値を減少させる「減価償却計算」を行い、「減価償却費」として費用処理する。この減価償却計算には、毎年同じ額だけを費用化していく「**定額法**」と、固定資産の残額に毎年同じ率を掛ける「**定率法**」の2つがある。建物やソフトウェアは定額法で、機械装置や器具備品などは定額法か定率法かを会社ごとに選択できる。

　なお、この減価償却計算の方法は、税務署に届けておく必要がある。また、少額の固定資産の一括償却や、中小企業育成などの特別な目的の割増償却も認められているので、覚えておこう。

> 建物や自動車は使うほどに価値が下がっていく
>
> 減価償却はその使用可能年数に応じて価値を減らしていく作業だ

定額法と定率法

どちらも100万円で営業用車両を購入し、5年で償却と仮定した場合。

定額法　毎年同じ額だけを費用化していく方法

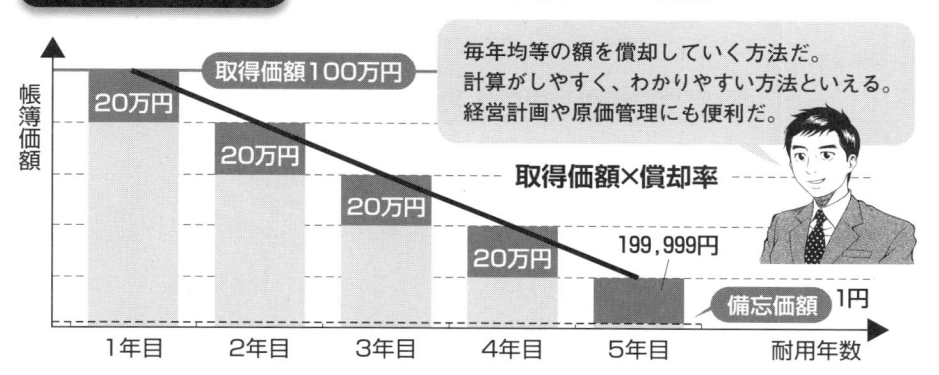

取得価額100万円

- 1年目：20万円
- 2年目：20万円
- 3年目：20万円
- 4年目：20万円
- 5年目：199,999円
- 備忘価額：1円

毎年均等の額を償却していく方法だ。計算がしやすく、わかりやすい方法といえる。経営計画や原価管理にも便利だ。

取得価額×償却率

定率法　固定資産の残額に毎年同じ率を掛ける方法

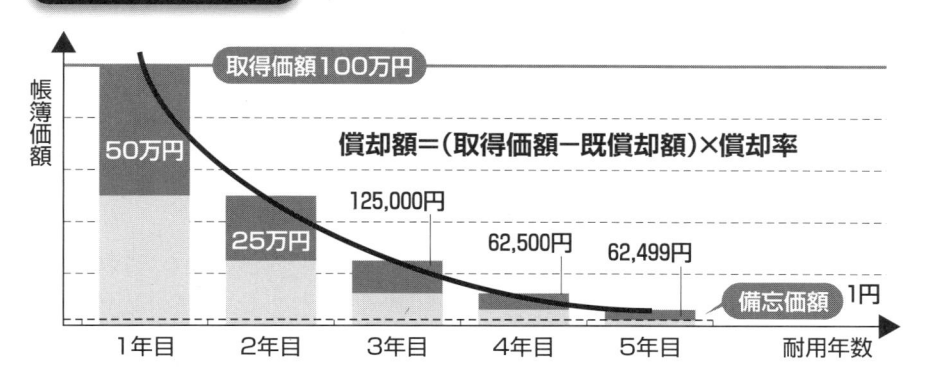

取得価額100万円

- 1年目：50万円
- 2年目：25万円
- 3年目：125,000円
- 4年目：62,500円
- 5年目：62,499円
- 備忘価額：1円

償却額＝(取得価額－既償却額)×償却率

定率法の耐用年数に応じた償却率

耐用年数	償却率
2年	1.000
3年	0.833
4年	0.625
5年	0.500
︙10年︙	︙0.250︙

こちらは、徐々に償却額が小さくなっていく計算方法よ。先にたくさん償却するから利益は減るけど、税金に関しては支払いを遅らせることができるからお得といえそうね。

第五章　設備投資、資金管理、利益管理に関する業務

設備投資の管理から生まれる仕事

リースとレンタルの違いと仕組み

先輩からのアドバイス
契約によって処理が異なるので内容をよく理解しておこう

処理を間違えないよう契約内容をきちんと確認

通常の**リース**と**レンタル**は、契約内容によってそれぞれの会計処理が異なる。

リースは、利用開始時の資金が少なくすむので、大型の生産設備などの導入に際して利用されることが多い。リース契約は①中途解約が不可で、②修理維持は借主が行い、③所有権は貸主が持つ、というのが原則だ。

そして、リースは「**ファイナンスリース**」と「**オペレーティングリース**」に分けられる。ファイナンスリースは、借入金による購入とほとんど変わらないので、借主は「**リース資産**」として**固定資産**に計上することになる。一方、オペレーティングリースは、資産計上せずにリース料を毎月の**賃借料**として処理していく。中途解約、リース期間の終了後の所有権移転の有無、欠陥や傷があった場合の瑕疵担保責任などといったリース契約の内容は、会計処理のためにも理解しておく必要がある。なお、コピー機などの利用に際して、レンタルとして賃借料扱いしている場合もあるが、よく調べるとファイナンスリースの契約であることが多い。

一方レンタルは、貸主の所有する資産を、広く一般に、比較的短期間で貸し出しを行うものであり、賃借料として処理する。

リースとレンタルでは、そもそも内容が違うんだ。
従って、会計処理のしかたも異なってくるので、注意が必要だ。

リースとレンタルの違い

	リース	レンタル
資産の購入方法	借主の指定で貸主が購入	貸主が需要を見越して購入
期間	比較的長期（耐用年数まで）	比較的短期（自由設定）
借主	特定	不特定多数
中途解約	不可	可能
物品の所有権	貸主（リース会社）	貸主（レンタル会社）

貸主 — 物品を貸した人

借主 — 物品を借りた人

リース取引の会計処理

リース取引

中途解約不能のリース取引
および
フルペイアウト※のリース取引

YES → ファイナンスリース — 売買処理

NO → オペレーティングリース — 賃貸借処理

※修繕維持費及び解約時のリース料の残額すべてを借主が支払うこと。

第五章　設備投資、資金管理、利益管理に関する業務

設備投資の管理から生まれる仕事

無形固定資産の評価と処理法

先輩からのアドバイス
どのような価値を持つ財産なのかを適切に判断し、処理すること。過大評価は禁物

解釈次第で処理のしかたが変わるので注意が必要

　特許権、実用新案権、意匠権、商標権、借地権などは、法律上の権利で「**無形固定資産**」と呼ぶ。また、法律上の権利ではないが、会社間で有償で譲り受けた無形の権利である「**営業権（のれん）**」や、契約により取得したノウハウやソフトウェアなども無形固定資産になる。ソフトウェアの開発費用は、研究開発目的であれば一定の範囲で研究開発費として処理できるが、販売目的であれば無形固定資産になる（右図参照）。特許権、ブランドなどは「**工業所有権**」と呼ばれ、ロイヤリティを支払って他社の権利を利用することもある。

　その他、企業買収や営業譲渡などに際して、相手先の将来の収益力の価値を認めたとき、その相当額として、営業権（のれん）を支払うことがある。このような営業権の会計処理には、さまざまな解釈があり注意が必要だ。なお、借地権などを除き、無形固定資産には市場価格がないことがほとんどだ。財産としてはあまり過大評価しないほうがいいだろう。

　ソフトウェアの開発費はどう処理するの？

　ソフトウェアの開発が販売目的だとマスター制作費以外は「無形固定資産」になるんだ

無形固定資産の種類

法律上の権利となるもの	法律上の権利ではないが無形固定資産となるもの
特許権、実用新案権、意匠権、商標権、借地権 など	営業権（のれん）、ソフトウェア

無形固定資産の減価償却

無形固定資産の減価償却は定額法で行う。

100万円で購入したソフトウェアを5年で償却する場合

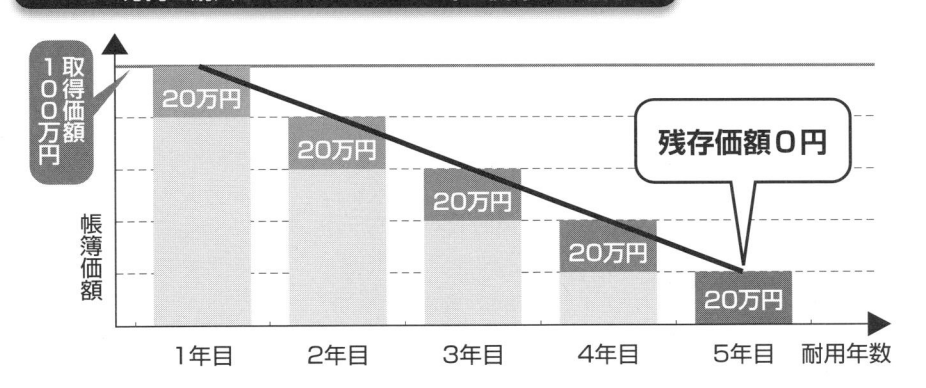

取得価額100万円 → 1年目 20万円、2年目 20万円、3年目 20万円、4年目 20万円、5年目 20万円（残存価額0円）

ソフトウェアの開発費の扱い

目的			会計処理	耐用年数
研究開発			研究開発費	—
研究開発以外	販売目的	マスター制作費	研究開発費	—
		それ以外	無形固定資産	3年
	自社利用目的		無形固定資産	5年

研究開発目的のソフトウェアについては、その開発費用や大幅な改良費用は「研究開発費」として扱うが、販売目的だと、マスター制作費以外は「無形固定資産」になる。

資金の管理から生まれる仕事

資金繰りの基本と資金計画

先輩からのアドバイス

資金繰りに大切なのは、将来のお金の動きの見通しを立てること。先を読む力を養おう!

収入と支出を管理し、会社の活動を統制する最も大切な作業

「**黒字倒産**」という言葉がある。どのような状態かというと、たとえば、商品を納入して売上を上げても、それが掛売で約定期日までは入金がないとしよう。そうなると、仕入代金を支払うことができない。このように、日々の会社の「お金」の動きと会計上の「儲け」の計算がズレているために、損失は出ていない(黒字である)にもかかわらず、お金がない状態が起こってしまうことがある。このようなことにならないように、収入と支出を管理することが「**資金繰り**」であり、経理財務部門幹部にとって、非常に重要な仕事である。そして、将来のお金の動きの見通しを立て、お金を準備するのが「**資金計画**」である。

数か月先の収入額がどの程度になるかを推測するのが、資金繰りの最大のポイントになるが、毎月支払う給料などの支出はある程度予想できても、収入である売上の予想は難しい。いわば、お金を通じて会社の活動を統制することが資金繰りともいえるのだ。従って売上の回収が遅れていないかなどを確認することは、資金繰りのためにも重要な仕事となる。

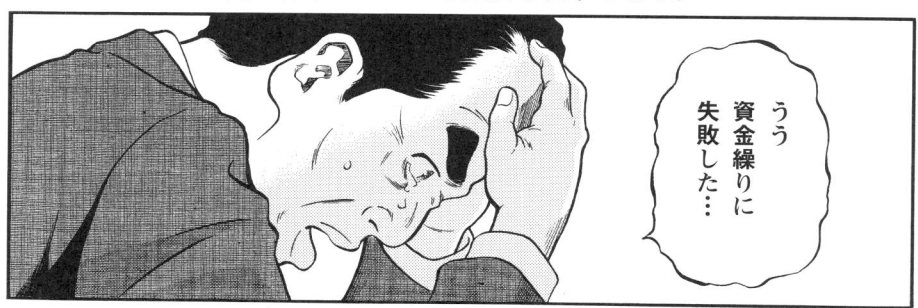

うう　資金繰りに失敗した…

資金繰り予定表

項目		年　月		年　月	
		予算	実績	予算	実績
前月繰越高					
経常収入	現金売上高				
	売掛金回収額				
	手形期日決済額				
	利息等現金収入				
	その他の現金収入				
	経常収入合計				
経常支出	現金仕入高				
	買掛金支払				
	支払手形決済額				
	給料等支払				
	諸経費支払				
	その他の現金支出				
	経常支出合計				
経常収支					
財務収支	手形割引額				
	借入金借入額				
	財務収入合計				
	借入金返済額				
	財務支出合計				
財務収支					
総合収支					
翌月繰越高					
受取手形残高					
売掛金残高					
たな卸資産残高					
割引手形決済額					
割引手形残高					
借入金残高					
支払手形残高					
買掛金残高					

第五章　設備投資、資金管理、利益管理に関する業務

翌月繰越高がマイナスにならないようにコントロールするのが資金繰りの基本だ。

日常取引の収支

通常、資金繰り予定表は3か月先くらいまでのものを月次で作成するのよ。

経常収支の過不足を補う

主な構成要素は、
・前月繰越高
・経常収入
・経常支出
・財務収支
・翌月繰越高
の5項目です。

資金の管理から生まれる仕事

資金調達をするときのポイント

先輩からのアドバイス
日頃から金融情勢を熟知し、判断力を養っておくこと

どこからお金を集めるか、センスと腕の見せどころ

資金調達は、経理財務部門の仕事の中でも重要な仕事の1つである。設備の購入や仕入代金の支払い、給与の支払いなどさまざまなことで資金が必要になる。「お金」が足りなくなることを見通すことができれば、借りてくるか、何かを処分して捻出することになる。

もちろん、外部から資金を借りる前に、在庫の削減や遊休資産の活用などによる内部資金の捻出ができないかを、まず先に考えるべきであるというのは言うまでもない。

こうした判断に備え、日常の金融機関との付き合いを通じて、金利などの金融情勢も理解し、さまざまな調達手段を考えておくことも経理財務部門の仕事である。

資金調達の検討

外部	資本	
	借入	長期
		短期
内部	遊休資産の活用、在庫の削減など	

資本で調達するか、借り入れるのか、それとも内部資金から捻出するか、判断のしどころだ。

資金調達の仕組み

　企業の場合、資金調達の方法は「直接調達」と「間接調達」の2つに分けられる。会社には出資者（株主）がいるので、彼らから増資などで資金を供給してもらうのが直接調達（資本調達）であり、銀行など金融機関から借り入れるのが間接調達（負債調達）である。

直接調達（資本調達）

株主などの出資者から、増資などで資金を供給してもらう方法

出　資　　　　　社　債

株主

間接調達（負債調達）

銀行などの金融機関から借入を行う方法

貸付　　　　　　　　　預金

会社　←　銀行　←　個人

ここでは、資本での調達がいいのか、それとも借入金など負債での調達がいいのか、また、借入金の期間は何年がいいのかなどの判断が重要になる。

資金の管理から生まれる仕事

投資有価証券の評価
（子会社などへの出資）

先輩からのアドバイス
経理部員はときには経営者の
視点に立って物事を進めるべし！

現物管理だけでなく出資先の動向管理も忘れずに

　有価証券には、上場株式、子会社株式、国債、地方債、社債などがある。長期に保有する有価証券は「**投資有価証券**」として固定資産に計上する。有価証券は、小切手、手形などと同じように「株券」など証券の現物管理が重要となる。

　また、子会社を設立することや、取引先に出資することなどがあり、それらの出資先の動向を管理するのも、経理部門の仕事となることが多い。その際には、子会社や出資先の財務諸表を取り寄せて、その事業内容を精査することになるが、そのためには経営者の視点が必要になる。

　そして、投資有価証券の価値が大幅に下落したときは、「**評価損失**」を計上することになり、投資に対する責任を問われることになる。投資に際しては、社内での承認手続きをとり、慎重に進めるべきだろう。なお、現在では上場会社の株券はすべて電子化されているため、その管理は「**証券保管振替機構**」（保振（ほふり））に委託することになる。もちろん、「株券」はない。

Check! 出資先の動向を管理するデューデリジェンス

　企業の合併や買収（M&A）を行うときには、相手企業の事業内容、財務内容などの精査を行って買収価格を決定する。事業計画で予定されている将来のキャッシュフローが価格算定の大きな要素になるため、事業計画の実現可能性を判断することがポイントとなることが多い。

有価証券明細票

有価証券の銘柄ごとの管理を行う。

	銘　柄	株式数（株）	取得価額（円）	貸借対照表計上額（円）	摘要
株　式	A	100	1,000	400	減損
	計	100			
	銘　柄	券面総額（円）	取得価額（円）	貸借対照表計上額（円）	摘要
公社債等債券					
	計				
	種　類	出資総額（円）	取得価額（円）	貸借対照表計上額（円）	摘要
その他の有価証券					
	計				
	合計				

この出資検討リストにある四つ星電器ですが

決算書を見る限りでは収益性に問題があります

…そうか

検討しなおしたほうがよさそうだな

利益の管理から生まれる仕事

事業計画の立案、予算の作り方

先輩からのアドバイス
目標達成のためにすべきことを自主的に立案したいという意識を持つこと

会社の業績結果を正しく把握し目標に向かって誘導する

　「業界No.1になる」ために「今年は売上1億円をめざす」といった、具体的な目標を実現するための利益計画を金額数値化したものが「**予算**」だ。予算は会計の手法でまとめられるが、会計には会社法や税法で要求される「**財務会計**」と、会社を統制し目標を達成するための「**管理会計**」と呼ばれる領域がある。予算は、管理会計の範疇である。

　予算計画の策定には、経営の意思を部門に伝達する「**トップダウン型**」と、各部門の意思を積み上げる「**ボトムアップ型**」があるが、それぞれに長所／短所がある。いずれの方法にしても、目的を共有し、目標達成へ自主的な努力が生まれるような調整や運営を行うことが予算立案のポイントである。

　通常の予算は、部門別、商品別、地域別などで区分けし、売上、粗利、経費などを見積もった「損益計算書」と同じようなものとなる。生産性UP、効率UPというだけでは具体的な行動計画に結びつかないので、まずは数値目標を設定すべきだろう。

Check! 事業計画は資金調達にも必要？

　銀行に融資申し込みを行うときには、事業計画は必須となる。市場の状況などに基づき、セグメントごとに売上予算を立てること、粗利率をどのように見ているか、経費は前年と比べてどのように見積もっているか、などが明確に記載されている必要がある。無理な計画ではいけない。資金を借りることよりも、資金をきっちりと返せることのほうが重要なのだ。

予算の種類

```
総合予算 ─┬─ 損益予算 ─┬─ 部門別予算
         │            ├─ 商品別予算
         │            └─ 地域別予算
         │
         └─ 財務予算 ─┬─ 資金予算
                      └─ 投資予算
```

損益の予算だけでなく、資産の予算や投資の予算も重要だ。

社長の鶴の一声で予算案がひっくり返るとは典型的なトップダウン型だな

あの社長は経理出身で数字にめっぽう強く業績の分析が的確ですね

へたに各部門の意思を積み上げる「ボトムアップ型」より目標達成が近いかもしれないぞ

第五章 設備投資、資金管理、利益管理に関する業務

利益の管理から生まれる仕事

予算と実績を比較・分析する「予算管理」

先輩からのアドバイス
市場、競合の分析、
他部門との連携を厭わないこと

予算と実績の差異を分析し、予算立案精度を高める

　通常、年度初めに「年間予算」や「月別予算」などが策定されたのち、毎月の結果が実績として予算と比較されるが、これがいわゆる「**予算実績対比**」である。そして、予算と実績の差異がどの程度生まれ、その要因はどこにあるのかなどの「Plan, Do, Check, Action」という行動サイクル（PDCAサイクル→14ページ参照）を動かす。これが「**予算管理**」である。単に数値を比べるだけでなく、予算の前提条件はどうだったのかなどを確認し、市場、競合環境の分析評価を行うことも必要だ。

　また、予算との対比と同様、前年、前月実績との比較である「**時系列比較**」も重要な予算管理の手段である。予算の立案精度が低いと、実績との大幅な乖離（かいり）が起こり、予算達成へのやる気をなくすことにもなる。加えて、予算は組織変更や人事評価、賞与支給などともリンクさせて運用する。

　立案精度を高めるためにも、経理部門は仕事を通じて、企画、人事総務部門と率先して連携することが求められる。

予算の目的と管理

目的 → 目標 → 実行・努力 → 結果・成果 → 達成・満足

> 予算達成へのやる気や満足度を高めるためにも、予算を立てる際には、前年実績との比較、競合他社との比較なども参考に取り入れて、現実的な修正予算編成にすることが重要となる。

××事業部　予算対比損益報告

(単位：百万円)

	××月予算	××月実績	達成率	前年同月比
売上高				
A部門	100	110	110%	120%
B部門	80	70	87.5%	100%

事業計画の立案の4つのポイント

適時性
タイミングよく作れるか

明瞭性
わかりやすく正しく作れるか

統一性
同じような基準で作れるか

参画達成度
自分のものとして達成感を味わえるか

Point

> 事業計画を考えるときは、左の4つのポイントに注意しながら進めるといいだろう。

第五章　設備投資、資金管理、利益管理に関する業務

利益の管理から生まれる仕事

「損益分岐点」の分岐と活用

先輩からのアドバイス
常に損益分岐点の図式を意識しながら
目標を設定すること

損と益を数値化することで、現実的な目標設定が可能に

「**損益分岐点**」とは、売上高がその金額を上回れば利益となり、下回れば損失となる点を意味し、「ブレイク・イーブン・ポイント（Break-Even Point：**BEP**）」と呼ばれている。

費用の中には、売上、生産高、操業度などにかかわらず恒常的に発生する「**固定費**」がある。一方、仕入高などは売上に応じて発生する費用であり、「**変動費**」と呼ばれている。これらを組み合わせて、グラフ化すれば損益分岐点が見えてくる。この図式を意識しながら、BEPの売上数値を算定し、経営の目標指数のひとつとする、あるいは営業部門など、それぞれの部門のBEPを算定し、部門目標とすることで、現実的な目標の共有化が図れるというわけだ。

また、この図式から「**損益分岐点比率**」という非常に便利な指標が算出できる。これは固定費を「**限界利益**」で割った数値であり、数値が小さいほど安全であるといえる。たとえば、この比率が90%であれば、10%以上売上がダウンすると赤字になるということである。

右ページ下の計算を見てほしい。
この計算から、売上が10%減少すると
損益がゼロになるということがわかるだろう。

損益分岐点の仕組み

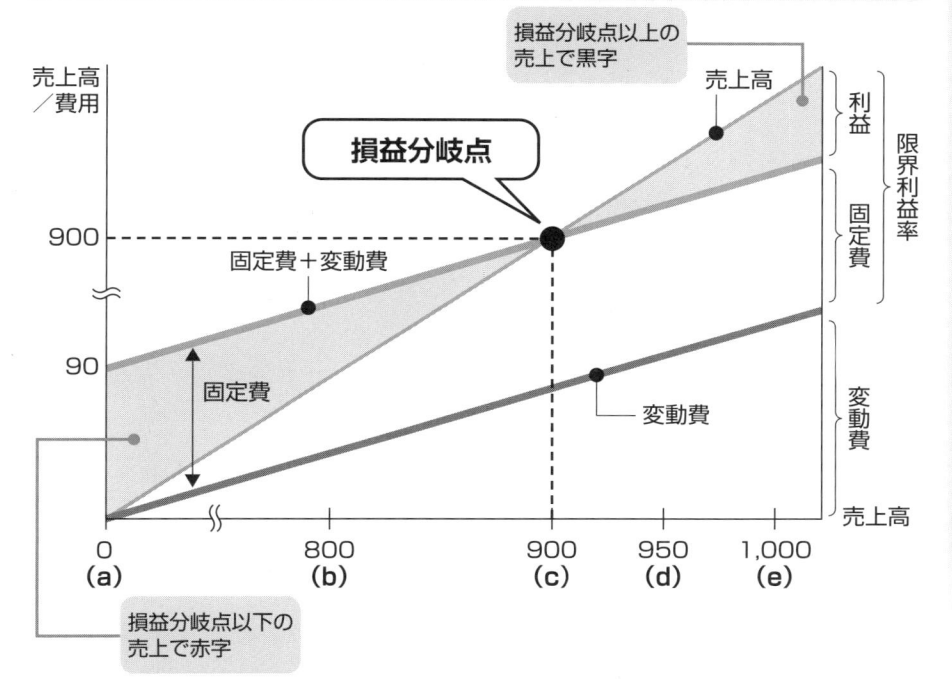

損益分岐点

- 損益分岐点以上の売上で黒字
- 損益分岐点以下の売上で赤字

グラフ軸:売上高／費用（縦軸）、売上高（横軸）
要素:売上高、固定費＋変動費、変動費、固定費、利益、限界利益率

ケース	(a)	(b)	(c)	(d)	(e)	
A 売上高	0	800	900	950	1,000	
B 変動費	0	720	810	855	900	
C 限界利益	0	80	90	95	100	C＝A－B
D 固定費	90	90	90	90	90	
E 損益	△90	△10	0	5	10	E＝C－D

(e) のケースのとき … 売上高1,000

$$\text{損益分岐点比率} = \frac{\text{固定費}90}{\text{限界利益}100} = 90\%$$

$$\text{売上高} \times \left(1 - \frac{\text{固定費}}{\text{変動費}}\right) = \boxed{\text{損益分岐点売上高}}$$

$$1{,}000 \times \left(1 - \frac{90}{900}\right) = 900$$

利益の管理から生まれる仕事

経営管理指標の種類と活用

先輩からのアドバイス

会社は「安全性」「収益性」「成長性」の3つの視点から評価すること

会社を評価する一般的な財務指標は大きく分けて3種類

上場会社では、市場が会社をどのように評価しているかを「株価」で知ることができる。そして、それ以外の一般会社の場合は市場のシェアや財務指標による評価などで知ることになる。

会社を評価する一般的な経営管理指標には、「①**安全性**」「②**収益性**」「③**成長性**」の3つの視点から見たものがある。

会社を評価する一般的な経営管理指標

①安全性	会社の債務返済能力がどのくらいあるか、などを主として見る指標。→「流動比率」「当座比率」「株主資本比率（自己資本比率）」など。
②収益性	会社が利益を生んでいるのか、などを見る指標。→「売上高利益率」「総資本利益率（ROA）」「株主資本利益率（ROE）」など。
③成長性	会社が成長しているか、などを見る指標。→「売上高伸び率」「営業利益増減率」など。

上記以外にも、競合他社の指標と比較する「**ベンチマーク**」という方法がある。これは競合他社との比較で、自社の強みや弱みを想定する方法だ。しかし、経営者の資質、会社の歴史、戦略などの違いもあり、分析は難しい。また、「品質」「人材」「生産効率」などの評価分析もあるが、分析の難易度はさらに高くなる。

経営管理指標

帝国データバンク	
収益性	総資本経常利益率
効率性	総資本回転率
安全性	自己資本比率
成長性	売上伸び率
規模	総資本額

日経財務・単独決算財務指標	
収益性指標	企業利潤率、自己資本利益率 など
生産性指標	従業員一人当り売上高、労働装備率 など
安全性指標	手元流動性比率、借入金依存度 など
成長性指標	増収率、当期利益増益率 など
キャッシュフロー（CF）指標	営業キャッシュフロー固定負債比率、フリー・キャッシュフロー など
一株指標	一株当り利益、一株当り配当金

ひとくちに「会社を評価する」といっても、実にさまざまな指標が使われているのね。

そうだな。しかし、基本は会社が安定しているか、着実に利益を生んでいるか、継続的に成長しているかに注目することに変わりはない。

Check! 主要な経営指標にも流行がある？

近年、ROA、ROEは一般的に使われるようになったが、日本ではまだまだ最近のことである。ROEは「当期純利益÷株主資本」で表される。リーマンショックまでは、アメリカ企業はROEが高いのに日本企業は低いので、自社株買いなどによる分母の圧縮を、海外機関投資家から求められていた。しかし、リーマンショック後は、あらためてCASH IS KINGという風潮も見られ、経営の安全性が重視されてきている。このように、環境変化により経営指標の流行も変わるのである。

第五章 設備投資、資金管理、利益管理に関する業務

利益の管理から生まれる仕事

連結決算の仕組み

先輩からのアドバイス
連結決算作業は経理部門の
もっとも複雑な作業のひとつと心得るべし

複数の企業を連結し、グループの経営成績・財政状況を把握する

「**連結決算**」とは、親会社、子会社を含む企業集団（グループ）の決算書を作成することをいう。大きな規模の会社では、経営の責任を明確にする視点から、子会社を連結対象とする企業集団の体制が一般的である。そのため、グループの決算書、つまり「連結決算書」が必要となる。ほとんどの上場会社で発表される決算数字は連結決算の数値である。

連結対象会社は親会社からの出資比率によって区分されるが、20％以上出資している会社を「**関連会社**」、そのうち50％超出資している会社を「**子会社**」と呼んでいる。連結決算は「**連結財務諸表原則**」という会計原則に従って決算を行うが、同じ会計期間、会計基準によって、個々の子会社で決算を行い、それらの個別決算書を合算し、そのうえで「**連結消去**」という作業を経て、連結決算書が作られる。

大きな会社では、海外の子会社を含めて多数の子会社を連結するので、連結決算作業は経理部門の最も多忙な仕事といえる。

今期は海外の子会社7社分が新たに加わるから連結決算は相当忙しくなるぞ

いったいいつ終わるんだ…？

連結決算の仕組み

	親会社	+	子会社（親会社へ100%販売）	=	連結
売上	200		100		200
原価	100		30		30
経費	60		5		65
営業利益	40		65		105

売上200 → 100 一致
原価100 ←

連結決算の作成フロー

親会社決算書
A子会社決算書
B子会社決算書

→ 合算決算書

	親会社	A	B	計
現金	10	20	10	40
売掛金	30	10	10	50
⋮	⋮	⋮	⋮	⋮
資本金	50	15	20	85

→ 連結消去仕訳 → 連結決算書

	親会社
現金	40
売掛金	30
⋮	⋮
資本金	50

親子間の出資関係

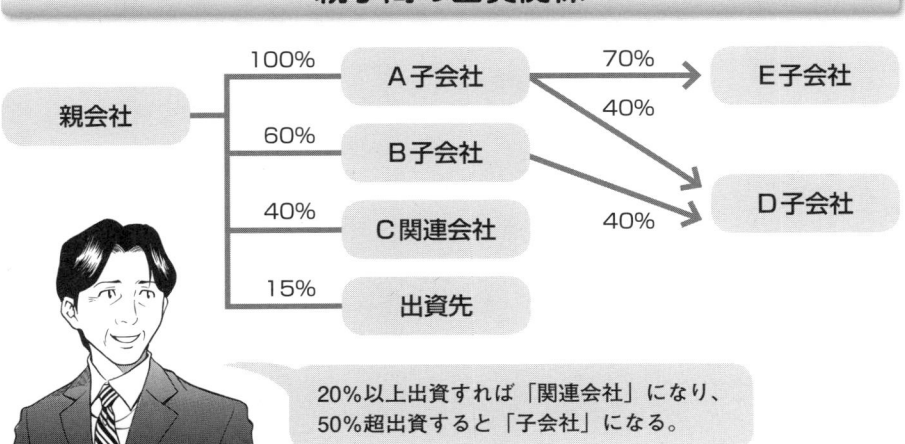

- 親会社 —100%→ A子会社 —70%→ E子会社
- A子会社 —40%→ D子会社
- 親会社 —60%→ B子会社 —40%→ D子会社
- 親会社 —40%→ C関連会社
- 親会社 —15%→ 出資先

20%以上出資すれば「関連会社」になり、50%超出資すると「子会社」になる。

第五章 設備投資、資金管理、利益管理に関する業務

第六章
経理の仕事
～納税、出資者に関する業務～

　第六章では、会社が支払う税金や出資者への対応などについて説明しよう。納税や出資者への業績説明などは、経理部門の大きな仕事である。

　無駄がないように税制を正しく理解することは、経理部門の役割だ。また、決算、株主総会、配当政策、監査などは、慣れるまでは難しい仕事であるが、ここまで行えるようにならないと1人前にはなれないので、少しずつ理解を深めていくことが重要である。

　税制や出資者への説明は、法律を知ることも大事であるが、その背景を正しく理解することや目的を把握することが、より重要といえよう。

納税から生まれる仕事

税制の理解と税金の種類………… 138
法人税の算出と申告……………… 140
法人事業税と法人住民税………… 142
消費税の仕組みと扱い方………… 144
固定資産税などその他の税金…… 146
税務調査の準備と対処法………… 148
税効果会計の処理法……………… 150

> 申告漏れがないように納税の仕組みをきちんと理解しなきゃいけませんね

出資者（株主）への説明から生まれる仕事

株主総会と決算作業……………… 152
利益処分（配当金の支払い）…… 154
法令遵守と内部統制……………… 156
監査の種類と機能………………… 158

> 会社がきちんと運営されていることを出資者へ報告する必要がある

納税から生まれる仕事

税制の理解と税金の種類

先輩からのアドバイス
経理担当者は、常に税に関する
最新の情報を得ておくこと

知識の蓄積と情報の更新が欠かせない

　納税は憲法に定められた義務である。税金は国に納める「**国税**」と地方公共団体に納める「**地方税**」に分かれる。また、税金の課税対象ごとに、「**所得課税**」「**消費課税**」「**資産課税**」の3つに区分できる。

　税金の名称は、「法人税」「法人住民税」「法人事業税」「消費税」「所得税」「印紙税」「固定資産税」「償却資産税」「事業所税」「不動産取得税」「自動車重量税」「登録免許税」などさまざまであるが、会社で最も関わりが深いのは**法人税、法人住民税、法人事業税、消費税**である。これらは会社が自主的に申告納税を行わなければならない。これは、おおまかに言うと、すべての会社は経費や人件費を支払ったうえで、得た利益額の約40％を税金として納めねばならないということだ。

　このため経理部門は、税制に関して深い知識と最新の情報が必要であり、毎年の税制改正は大きな関心事となる。

法人税、法人住民税、
法人事業税、消費税は
会社が申告納税
しなければならない。

まあ
どんな会社でも、
利益の約40％は
税金として
持っていかれる
ということさ。

税制の基本的な仕組み

課税形式

- 収益に課す税金 → 法人税など → 約50%
- 消費に課す税金 → 消費税など → 約25%
- 財産に課す税金 → 相続税など → 約25%

国家の税収約37兆円

納付先
- 国
- 地方（都道府県や市区町村）

平成22年度予算（財務省ホームページより）

会社が支払う税金の種類

	国　税	地方税 （都道府県民税）	地方税 （市町村民税）
所得課税	法人税	都道府県民税 事業税	市町村民税
消費課税	消費税 自動車重量税 関税	地方消費税 自動車税	軽自動車税
資産課税	印紙税 登録免許税	不動産取得税	都市計画税　事業所税 固定資産税　償却資産税

Check!

国際税務

　海外に子会社などを設立している会社では、移転価格税制、タックスヘイブン対策税制などにも注意が必要である。子会社との取引価格などにも、これらの税制を理解したうえで、適正な価格設定を行うべきである。

第六章　納税、出資者に関する業務

納税から生まれる仕事

法人税の算出と申告

先輩からのアドバイス
法人税の申告は
決算後2か月以内に行うこと

青色申告の届出で優遇措置が受けられる

「**法人税**」は、会社が納める最も大きな税金である。すべての会社は、決められた申告書の様式用紙を用いて、税務申告書を作成する。企業会計原則に従って作成した会社の決算書の利益をもとに、その利益に加算減算の調整（申告調整）をして所得（税務上では、「利益」のことを「所得」という）金額を算出し、税率を乗じて税額を計算する。

一般的には、簿記の原則に従った経理処理や伝票・証憑の記録を条件に「**青色申告**」という届出をする。そのことで、さまざまな優遇措置が受けられる。法人税は、決められた納付書を添えて、銀行など金融機関から支払うが、納期遅れや納税額の誤りには、延滞税や加算税などのペナルティが課されるので注意したい。

なお、会社が「欠損（税務上での「損失」）」の場合でも申告は行わねばならないが、納税は生じない。

納税の遅れや誤りには延滞税や加算税などのペナルティが課せられる

第六章 納税、出資者に関する業務

法人税の申告

申告書

当期純利益

＋ 加算 ｜ 交際費や賞与引当金など
－ 減算 ｜ 受取配当金など

申告調整項目

所得金額（課税の対象となる利益）
×税率
法人税納付額

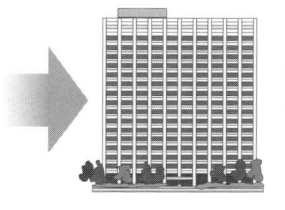

→ 税務署

納付書

○○銀行

銀行

> 申告と納税は決算後2か月以内に行わなければならない（申請により申告を1か月延長することは可能）。

青色申告法人の特典

1. 欠損金の7年間の繰越控除ができる
2. 税務署の推計課税を受けない
3. 税務署により税額が更正される場合、差異には必ず更正理由の付記がある
4. 試験研究費が増額した場合、税額控除が受けられる
5. 租税特別措置法に規定される特別償却・割増償却が受けられる
6. 海外投資等準備金などの準備金の積立ができる

> 青色申告を行うといろいろ特典が受けられるのよ。

納税から生まれる仕事

法人事業税と法人住民税

先輩からのアドバイス
申告納付作業は煩雑だが、それぞれの納税のルールに則って遂行しよう

「事業税」と「住民税」は法人税額によりおのずと決まる

　会社の利益に課される税金には、国税の「法人税」以外に地方税である**「法人事業税」**と**「法人住民税」**がある。これら法人事業税、法人住民税の税金算定は、法人税の所得申告計算をもとに行うので、法人税額が決まれば、おのずと計算できるようになっている。しかし、会社に多くの支店や事業所がある場合は、従業員数などに応じた税額をそれぞれの所在する都道府県、市区町村ごとに納付しなければならない。

　法人事業税は、**「事業税」**と**「地方法人特別税」**に分かれている。さらに大企業の場合、事業税の中に付加価値や資本金に対して課税（外形基準）される部分がある。この外形基準部分の税額は**「販売費及び一般管理費」**として経費処理する。

　また、法人住民税は**「法人税額」**に基づいて計算される部分と、一定額の**「均等割り」**といわれる部分からなっている。

Check! 均等割り7万円とは？

　会社を設立すると、赤字でも7万円は必要だとよく聞くが、これは道府県民税2万円と市町村民税5万円の「均等割り」のことである。法人税や事業税は赤字であれば税額が発生しない（事業税の外形標準を除く）が、住民税では赤字でも均等割りが発生する。

　ただし、この金額も全国一律でないことがあるので、申告時には注意が必要である。

法人事業税の課税

法人事業税 ＝ **事業税** ＋ 地方法人特別税

- **大企業**
  - 所得割
  - 付加価値割 ＝ 当期所得 ＋ 収益配分額
  - 資本割

    報酬給与額
    ＋純支払利子
    ＋純支払賃借料 など

- **中小企業**
  - 所得割

大企業とは、
資本金１億円を超える企業のことよ。
そして中小企業とは、
資本金１億円以下の企業のことを指すの。

地方法人特別税は、事業税額に
一定税率を乗じて課税されるのね。

各地に支店がある場合
事業税と住民税は
支店がある都道府県
市区町村ごとに
計算しないと
いけないんだ

法人税さえ決まれば
それに基づいた
税率をかければ
いいだけなんだが…
支店が多いと
面倒な作業になる

納税から生まれる仕事

消費税の仕組みと扱い方

先輩からのアドバイス
消費税は状況によって
扱いが変わるので注意しよう

預った分と支払った分の差額を納税

「**消費税**」は会社の利益に課税される税金ではないが、個人や会社が物品、サービスなどを購入した場合に課税される税金（間接税）である。生産や売買の段階で二重三重に課税されないような仕組みになっており、最終の消費者に課税される。そのため、会社の場合は、売上時に預った消費税から仕入時に支払った消費税を控除した差額を納税するのである。

この控除の作業がけっこう煩雑なため、基準期間（通常2年前）の課税売上高が1,000万円以下の事業者については納税義務が免除されている。また課税売上高が5,000万円以下の会社は選択により簡易課税という、計算を簡単にする方法も認められている。

消費税は、海外への輸出取引は免税扱いであり、土地譲渡、利子支払いなどでは非課税取引扱いとなるため、これらには課税されないので注意。なお、欧米の多くの国々では「**付加価値税**」と呼ばれる、消費税と似たような税制を持っており、主要な税収財源となっている。

Check! 簡易課税とは？

一般の消費税の計算では、課税売上高から課税仕入高を控除する。しかし、簡易課税では、実際の課税仕入等の税額を無視して業種ごとに適用される「みなし控除率」を使い消費税額を計算する。簡便であり会社にとっては有利な場合もあるが、消費税還付が受けられないこともあるので、よく理解したうえで選択するかどうか熟考すべきである。

第六章 納税、出資者に関する業務

消費税納付の仕組み

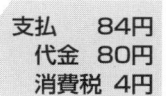

生産会社 →売上84円→ 販売会社 →売上105円→ 消費者

販売会社→生産会社：支払 84円／代金 80円／消費税 4円
消費者→販売会社：支払 105円／代金100円／消費税 5円

- 生産会社：消費税納付額＝売上の預り分＝4円
- 販売会社：消費税納付額＝売上の預り分5円－仕入の支払分4円＝1円
- 消費者：実質消費税支払額＝5円

上記販売会社の消費税の仕訳処理

	購入時（上段）販売時（下段）	決算整理	納付
税抜処理	P/L仕入 80 / B/S現金 84 B/S仮払消費税 4 B/S現金 105 / P/L売上 100 　　　　　　　 / B/S仮受消費税 5	B/S仮受消費税 4 / B/S仮払消費税 4	B/S仮受消費税 1 / B/S現金 1
税込処理	P/L仕入 84 / B/S現金 84 B/S現金 105 / P/L売上 105	（消費税計算） 売上105×5/105＝5 仕入　84×5/105＝4 　　　　　　　　　1 P/L租税公課 1 / B/S未払消費税 1	B/S未払消費税 1 / B/S現金 1

納税から生まれる仕事

固定資産税など その他の税金

先輩からのアドバイス

どんなものに印紙税や登録免許税が かかるのか把握しておこう

印紙税、登記にかかる登録免許税、財産に課税される資産税など

　これまでにあげてきた税金以外にも、さまざまな税金を扱う機会がある。まず「**印紙税**」であるが、これは収入印紙を契約書、手形、領収書などに貼ることで納税されるもので、実務上、印紙税がいくらであるかなどを判断するのは難しいケースも多い。ただし、うっかり貼り忘れなどがあると税額の3倍もの「**過怠税**」が徴収されることがあるので要注意だ。また、「**登録免許税**」は不動産登記、商業登記などのときに納税する。経理部門は、おおむねどのようなものに印紙税や登録免許税がかかるかなどを知っておかなければならない。

　その他、財産を保有していることで課税される「**資産税**」と呼ばれる税金もある。「固定資産税」「償却資産税」「事業所税」「不動産取得税」などである。なお、自動車税、軽自動車税などは地方税である。「償却資産税」などは、毎年申告納付することになるので、申告作業は定期的な経理の仕事である。

代表的な印紙税

- 契約金額100万円以下の請負契約 ──── 200円
- 継続的取引契約書 ──── 4,000円
- 売上代金の受領書 ──── 200円〜20万円まで金額に応じて

主な資産税の算定時期

対象	税目	算定方法
土地・建物など	固定資産税	毎年1月1日の所有者に公示評価額で算定
機械	償却資産税	毎年1月1日の所有者が帳簿申告額で算定
手形・契約書・領収書	印紙税	その都度、印紙を購入

> 印紙の貼り忘れに注意しよう

> 税額の3倍もの「過怠税」が徴収されることがありますからね

Check! 償却資産税とは？

土地・建物などにかかる固定資産税は、市区町村から納付書が送付されてくる。自動車税も同様である。一方、構築物や機械設備などについては、毎年1月末までに会社は「償却資産税」の申告書を提出しなければならない。法人税では一括償却されて資産とされていない少額減価償却資産なども、償却資産税では資産として扱われるので注意が必要だ。一定金額までは免税であるのも特徴である。

納税から生まれる仕事

税務調査の準備と対処法

先輩からのアドバイス
いつ税務調査が来てもいいように
資料や書類の保管を行っておくこと

日頃から間違いのない経理を行うことが最良の対策

　会社は法人税の申告納税を毎期行うことになるが、その納税申告が正確であるかを税務署の担当官が会社に調べに来る。それが、だれもが嫌がる「**税務調査**」である。

　通常は数年に１度の任意調査であるが、強制調査の査察もある。税務調査のときに経理の誤りがないか不安になるが、そのためにも日頃から間違いのない経理を行うことが大切である。

　税務調査は普通、１度の調査で３年分の申告を調べられる。いつ調査が来てもいいように、資料の整理や領収書、請求書の整理、保管を行っておこう。税務調査の結果、誤りがあれば修正申告と追加納税を求められる。さらに、更正決定などの行政処分を受けることもある。延滞税や加算税などのペナルティもある。

　経理部門は、税務調査にも誠意ある対応でのぞみ、日頃の誤りなどを是正できる機会ととらえ、会社の業務フローの改善につながることを期待したい。

「いつ調査が来てもあわてないように普段から資料を整理しておくことが大切なんです」

第六章 納税、出資者に関する業務

税務調査の方法

税務署

現地調査
会社に税務署員が来て、伝票や書類を調べて申告書の内容をチェックする。

任意調査（数年ごと）
査察（マルサ）

反面調査
現地調査の中で、必要ならば取引先に直接取引内容を調査する。

申告に誤りがあったとき

- 税務署の決定 → 更正決定
- 納税者の自主判断 → 修正申告 → 追加納税

いや常に確認しているから大丈夫だ…

また来たか

納税から生まれる仕事

税効果会計の処理法

先輩からのアドバイス
こうしたテクニカルな処理も経理の仕事には必要だ。しっかり覚えておこう

認識の違いを調整するための会計処理

　正しいとされる会計基準で費用処理をした場合でも、税務上ではそれを費用と認められないような違いがある。これは、費用を認識する時点に違いがあり、一致しないからである。

　たとえば、ボーナスを支給することが決まった時点で会計上は費用の認識を認められるが、税務上はその時点では費用（損金）と認められない。このような期間の認識の違いで生まれた法人税の差額を、適正な期間に配分する会計処理を「**税効果会計**」と呼ぶ。

　交際費のように、いつまでたっても一致しない内容を「**永久差異**」といい、減価償却費のように、今は一致しないがいずれその差異が解消されるものを「**一時差異**」という。税効果会計とは、この一時差異の部分について、会計上認識しておこうとするものである。将来的に税務上でも費用と認められる部分の税金相当額を前払いしていると解釈して、決算書では、損益計算書の中の「**法人税等調整額**」という科目で法人税のマイナス表示をし、貸借対照表では「**繰延税金資産**」として表示する。

これらの会計処理は、将来的に税務上でも「費用」と認められる部分の税金相当額を前払いしていると解釈するといいだろう。

税効果会計の仕組み

●税効果会計の仕訳

①賞与引当金30（一時差異）を計上して税引前当期純利益100となる決算となった
②法人税等を計算する

（100＋30）× 40％ ＝ 52
　利益　一時差異　標準税率

仕訳②

P/L法人税等　52	B/S未払法人税等　52

③一時差異の法人税等調整額を計算する

30 × 40％ ＝ 12
税務上、費用処理できない一時差異　標準税率

仕訳③

B/S繰延税金資産　12	P/L法人税等調整額　12

●損益計算書での結果

	①	②	③
税引前当期純利益	100	100	100
法人税等		52	52
法人税等調整額			△12
税引後当期純利益		48	60

> 貸借対照表では繰延税金資産として表示する。

> 損益計算書では、法人税等調整額として法人税のマイナス表示をするんだ。

Check! 課題の多い「繰延税金資産」

　繰延税金資産は貸借対照表の資産の部に計上されている。収益性の低い会社が多額の繰延税金資産を計上していることは、課題となることが多い。銀行が計上していた繰延税金資産が多すぎるとして社会問題となったこともある。どこまでが妥当な額であるかなどは非常に難しい判断である。近年、制度会計がどんどん複雑になり、反対にわかりにくくなっていることへの懸念もある。

出資者（株主）への説明から生まれる仕事

株主総会と決算作業

先輩からのアドバイス

会社の最高意思決定機関を
左右するのは、経理の仕事の成果だ

経理部門最大の仕事、「決算書」は株主総会に向けて作成される

「**株主総会**」は会社の最高意思決定機関である。すべての会社は年に1度は「**定時株主総会**」を開催しなければならない。これ以外にも重要な意思決定を行う場合に開催されるのが「**臨時株主総会**」である。定時株主総会は毎年決算後に開催され、決算書の承認や取締役の選任などが決議される。

経理部門は、株主総会に向けて、「計算書類」や「事業報告」「附属明細書」を納期までに作成しなければならない。これらの書類作成作業が「決算作業」と呼ばれる、経理部門の最大の仕事である。

株主総会での主な決定事項

決算書の承認と同じく、配当の額や取締役の報酬総額なども過半数の株式（議決権）を所有する株主の出席と過半数の賛同で承認決定される。定款変更や減資などの重要な事項の決議には、3分の2の賛同が必要であり「特別決議」と呼ばれる。3月決算の中小会社の場合は、通常5月下旬ごろに、定時株主総会が開催される。

Check!

株主との対話、「IR」

IRはインベスター・リレーションズと呼ばれ、日本でも1980年代後半から取り入れられてきている。会社と株主との対話であり、欧米で行われていた機関投資家を対象にした企業説明会や個別訪問による対話などが、日本にも浸透してきたのである。株主総会は、最大のIRの場である。

経理部門が株主総会のために作成する書類

- 貸借対照表
- 損益計算書
- 株主資本等変動計算書
- 注記表
- 事業報告
- 附属明細書

株主に向けた書類の作成は、会社の1年の頑張りを示す重大な作業と心得よう。

第六章　納税、出資者に関する業務

ただ今より山崎製作所臨時株主総会を開会いたします

定款に基づきまして議長は代表取締役である私 西澤陽介が務めさせていただきます

153

出資者（株主）への説明から生まれる仕事

利益処分（配当金の支払い）

先輩からのアドバイス
配当は出資者である株主に対し、会社の健全性をアピールする機会でもある

出資者へ利益を還元する、決算書と並ぶ重要書類の作成

　定款の定めや株主総会の承認があれば、取締役会の決議をもって利益のなかから株主への配当ができる。この「**配当金**」は、配当の基準日と決めた時点の株主に対して、銀行送金などで支払われる。

　なお、配当は一定の源泉徴収による税金が控除されて支払われるが、これら利益を含む「剰余金」の動きは、「株主資本等変動計算書」として表わされる。これは「貸借対照表」「損益計算書」とともに、経理部門が作成する重要な書類だ。

　そして、利益の総額から、どれだけの額を配当に回したかを示す比率が、「**配当性向**」と呼ばれる指標である。配当には「**配当可能限度額**」というものがあり、会社の財産を健全に保つため、違法な配当は禁止されている。

　また、将来の欠損を補填する視点から、配当の際に一定額を利益準備金として、積立てなければならない。

　これらは、会社を将来に渡り健全に維持運営できるように、会社法により債権者を保護するための措置が定められている。

Check! 配当可能限度額と会社法

　従来の商法の時代から、債権者保護の観点により「配当可能限度額」があった。新会社法でも同様に、債権者保護のために配当可能限度額があるので、配当を決議するときは注意が必要である。

配当金の支払いの内訳

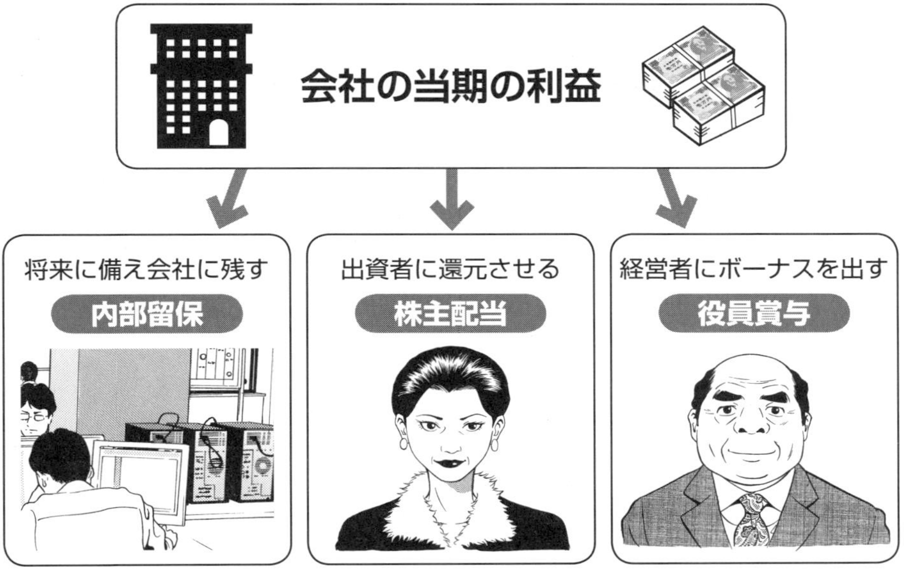

会社の当期の利益

- 将来に備え会社に残す
  内部留保
- 出資者に還元させる
  株主配当
- 経営者にボーナスを出す
  役員賞与

第六章 納税、出資者に関する業務

「厳しい状況が続きそうだな」

「業績を見る限り今期の配当は期待できそうにないわ」

「しょうがないわね これも会社の健全な運営のためよ」

出資者（株主）への説明から生まれる仕事

法令遵守と内部統制

先輩からのアドバイス
企業の健全性を保つのは、経理部門の責任が大きいと心得よう

健全な経営は企業価値を高める

　株式会社は、取締役による会社運営において、法令、定款に適合することを求められている。つまり、会社の運営が法令遵守のもとで行われるような体制（**コンプライアンス体制**）を作らなければならないと定めている。また、情報の保護や損失の危険に備える体制（**リスクマネージメント体制**）や、効率よく会社運営を行うための体制（**コーポレートガバナンス体制**）作りも求められている。これらを実現するためのシステムが「**内部統制**」（internal control）だ。

　「金融商品取引法」においては、上場会社には「内部統制監査人」による監査の報告を義務付けている。もともとこれは、会計監査などのときに会社の仕組みがどうなっているかによって監査の程度を決めていくために利用されていたものであったが、近年、さまざまな企業不祥事で株式市場への信頼が揺らいだ結果、法令遵守が強く求められてきたという背景がある。

手段を選ばずに利益を追求する時代は終わった

法令遵守こそが企業の地位を高めることになるだろう

内部統制の目的

2つの法律に基づく内部統制の主たる目的

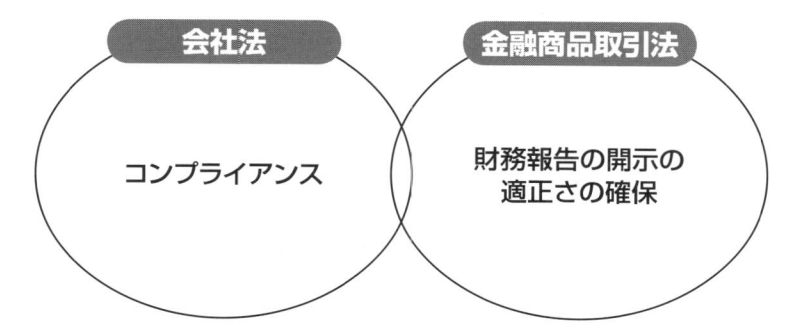

- 会社法：コンプライアンス
- 金融商品取引法：財務報告の開示の適正さの確保

内部統制の仕組み

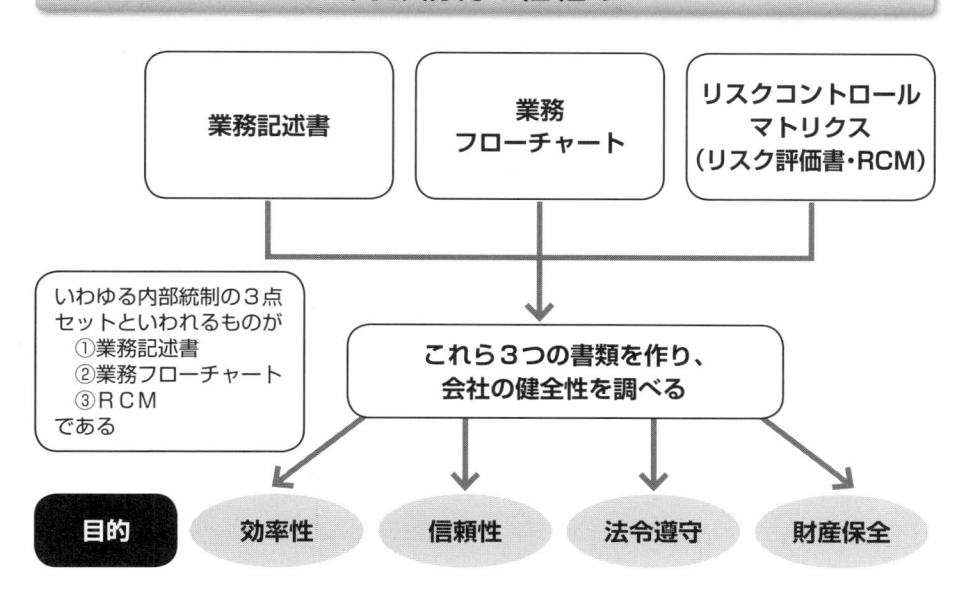

- 業務記述書
- 業務フローチャート
- リスクコントロールマトリクス（リスク評価書・RCM）

いわゆる内部統制の3点セットといわれるものが
①業務記述書
②業務フローチャート
③RCM
である

これら3つの書類を作り、会社の健全性を調べる

目的：効率性／信頼性／法令遵守／財産保全

経営の適正化、健全化や企業価値の向上のためにも内部統制は今後、ますます重要になっていくだろう。

第六章　納税、出資者に関する業務

出資者（株主）への説明から生まれる仕事

監査の種類と機能

先輩からのアドバイス
ルールの明瞭化と確実な運用は、経理の仕事の基本でもあることを忘れずに

会社のあり方を厳しくチェックし社会的責任を求める

　近年、会社の社会的責任が求められる中で、監査によるチェック機能が重要になってきている。監査体制には、監査役、会計監査人、会計参与、監査委員会、監査室などの組み合わせがあり、会社の規模などによって体制も異なってくる。会社法の改正で、会社の規模に合わせた柔軟な会社組織を作ることができるようになった。なお、金融商品取引法では資本金5億円以上の会社や負債総額200億円以上の大会社には、公認会計士による「会計監査人監査」が要求されている。

　監査には、3つの切り口がある。「**法定監査と任意監査**」「**財務監査と業務監査**」「**外部監査と内部監査**」である。

　監査を行うためには、会社の中の決裁規定や経理規定が整備、文書化され、社内できちんと運用されている必要がある。

　まずは、会社の中での仕事のルールを明瞭、適正に定めることが最低条件だ。これは経理の仕事も同じである。

　監査役としてやれるだけのことはやったつもりだ

　うむ…こりゃちょっとしたもんだ

監査とは？

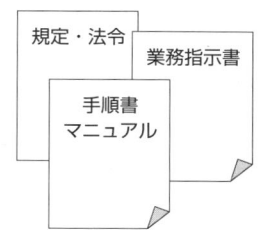

手順やルール
- 規定・法令
- 業務指示書
- 手順書マニュアル

内部監査人
会計監査人
監査役

仕事 → **社員・役員**

↑ チェック

監査する人の仕事
・決められた手順、ルールで正確に仕事をしているか？
・不正、誤りがないか？

監査の種類

監査役による監査	会社法で規定。会社の形態により、任意設置の場合もある。
会計監査人による監査	大会社は必須。公認会計士などによる監査。
監査室	任意の設置。業務監査などを行う。

Check! ISO認証をとっている会社は「ISO監査」も注意

　会社法などに定める監査は、経理部門に関わる監査であるが、このジャンル以外の「監査」もある。「輸出管理」「薬事法」「ISO」などの監査がそれである。
　特に「ISO」（国際標準化機構）の認証をとった会社にとって、ISO監査はやっかいなものである。ISOは、法規制の対象ではないが、ISOの定めるルールに従った運営がされているかどうかの監査がある。ISO9000（品質）、ISO14000（環境）と呼ばれる認証監査である。

おわりに

　「経理の仕事」はどのようなものか。そのイメージを描いていただけるように、実際の現場の責任者の視点からわかりやすく記述したつもりである。しかし、読者の側にも会計や簿記への知識のレベル差があり、読後の印象もさまざまだと思われる。

　世界中で、「複式簿記」の原理は古くから使われており、今もその原則は変わらない。コンピューターの言語はどんどん変遷しているのに、経理の言語である簿記はそのまま生きている。この経理の言語をマスターすることはグローバル言語をマスターすることであり、世界に通じることになる。数十年前にはソロバン屋、電卓屋と呼ばれた経理部門で働く仲間も、いまや世界に羽ばたくアカウンタントである。

　一方、経理の仕事に長年埋没すると、経験や技能におぼれるあまり、守備範囲が狭くなって柔軟な発想ができなくなる場合があることも忘れてはならない。

　長年にわたり実際の経理や財務の職場で働き、今も従事している私たちとしては、経理財務を担う次世代の人材が育っていくことを、おおいに期待している。そのための一助になれば、との思いもあり起筆した。

　　　　　　　　　　　　　　2010年9月　近藤仁・高橋和徳

経理の仕事　索引

あ行

青色申告 140
青色申告法人 141
預り金 43
安全性 132
安全性指標 133
育児手当 105
違算 74
意匠権 113, 119
一時差異 150
一般寄付金 69
移転価格税制 139
移動平均法 88
医療・安全衛生制度 105
インサイダー取引 21
印紙税 69, 138, 139, 146, 147
インターネットバンキング 23
インプレストシステム 54
受取手形 43
受取手数料 49
受取配当金 43
受取利息 43
受取利息及び配当金 49
売上 34, 43, 48
売上原価 49
売上集計 72
売上総利益 48, 49, 50, 51
売上高 49
売上高営業利益率 48
売上高伸び率 132
売上高利益率 132
売上割戻し 67
売掛金 43
売掛金管理 74, 75
売掛金消し込み 74
運賃 63

永久差異 150
営業外収益 49
営業外費用 49
営業権（のれん） 113, 118, 119
営業利益 49, 50, 51
営業利益増減率 132
延滞税 69, 140
オペレーティングリース 116

か行

買掛金 43, 82
会議費 43, 63, 66
会計監査人 159
会計監査人監査 158
外形基準 142
外国為替業務 80
介護支援制度 105
介護保険 98, 105
会社の組織（機関） 18
会社法 24, 25,157
回収基準 73
外注工賃 63
外部監査 158
確定拠出年金 108, 109
加算税 69, 140
瑕疵担保責任 116
過怠税 146
株券 124
株主資本等変動計算書 44, 154
株主資本比率（自己資本比率） 132
株主資本利益率（ＲＯＥ） 132
株主総会 18, 152
株主配当 155
借入金 43
為替手形 58
簡易課税 144
関係会社株式 113

161

監査室	159
監査役	106, 159
勘定科目	34, 42
関税	69, 139
間接調達	123
かんばん方式	84
管理会計	16, 126
関連会社	134, 135
機械装置	113
企業会計原則	24, 25
企業年金	103, 108, 109
基金型企業年金	108, 109
期首たな卸額（期首在庫）	88
基準外賃金	96
基準内賃金	96
寄付金	63, 68
基本理念	15
期末実地たな卸	90
期末たな卸額（期末在庫）	88
機密情報	20
機密保持	22
規約型企業年金	108, 109
キャッシュフロー計算書	40, 41
キャッシュフロー（CF）指標	133
給与	43, 96
給与支払報告書	28, 101
給与所得者の扶養控除等申告書	100
給与明細書	96
給料	63
教育訓練費	94
共済会制度	105
業務委託費	63, 94
業務監査	158
業務記述書	157
業務フローチャート	157
漁業権	113
銀行預金管理	56
金庫管理	60
均等割り	142
金融商品取引法	25, 156, 157

国・地方公共団体への寄付金	69
クラブ活動支援	105
繰延税金資産	150, 151
黒字倒産	120
経営管理指標	132, 133
経営戦略	15
経営ビジョン	15
経営方針	15
経営理念	15
経済的利益	97
慶事制度	105
軽自動車税	139
経常支出	121
経常収入	121
経常利益	49, 50, 51
継続性の原則	25
経費	37
経費科目	62
経費予算	62
決裁権限規定	26
決算書	28, 35, 39, 45
月次決算	30, 31
原価	48
限界利益	130
原価管理	86, 87
原価計算基準	86
減価償却資産	114
減価償却費	43, 63
原価法	88, 89
原価率	48
研究委託料	63
研究材料費	63
研究試作費	63
現金	34, 43
現金出納	54, 55
健康支援制度	105
健康保険	98, 105
検収基準	73, 83
建設仮勘定	113
源泉所得税	100

源泉税	70
源泉徴収	70
源泉徴収税額	71
源泉徴収税月額表	101
源泉徴収税率	70
現地調査	149
現物管理	58
現物給与	97
工業所有権	118
工具器具備品	113
広告宣伝費	63, 67
交際費	43, 62, 63, 66, 67
厚生年金	98, 105, 108, 109
厚生年金基金	108, 109
厚生年金拠出額	108
厚生年金保険料額表	99
構築物	113
公的年金	108, 109
公的年金制度	109
光熱費	63
コーポレートガバナンス体制	156
子会社	134, 135
子会社株式	124
小切手	58, 78
国債	124
国際税務	139
国際標準化機構	159
国税	138
小口現金	30, 54
国民年金	109
個人年金	109
固定経費	64, 65
固定資産	47, 112, 116
固定資産税	68, 69, 138, 139, 146, 147
固定資産台帳	112
固定資産売却益	43
固定資産売却損	43, 49
固定費	130
固定負債	47
子供教育支援制度	105

雇用保険	98, 105
コンプライアンス	157
コンプライアンス体制	156

さ行

財形貯蓄	105
財形貯蓄年金	109
債権信用管理	76
在庫管理	84, 90
最終仕入原価法	88, 89
財務	56
財務会計	126
財務監査	158
財務指標	132
財務収支	121
財務予算	127
先入先出法	88
雑所得	103
雑損失	69
仕入	36, 43
仕入計上基準	82
仕入先管理	83
仕入台帳	82, 83
事業所税	69, 138, 139, 146
事業税	69, 139, 142
事業税額	143
事業部別組織	18
資金繰り	120
資金繰り予定表	121
資金計画	120
資金調達	122, 123
資金予算	127
時系列比較	128
資産	34, 42, 46
資産課税	138
資産税	146
試算表	35, 39
施設運営	105
事前確定届出給与	107
事前の債権保全	77

市町村民税	139
実地たな卸	91
実用新案権	113, 119
指定寄付金	69
自動車重量税	138, 139
自動車税	139
児童手当拠出金	98, 105
支払調書	71
支払手形	43, 58
支払手数料	63
支払利息	43, 49
資本金	43
資本剰余金	43
資本調達	123
資本取引・損益取引区分の原則	25
資本割	143
社会保険	98
社会保険事務所	98
借地権	113, 119
社訓	15
社債	124
社宅家賃	63
社内単価	88
車両運搬具	113
収益	34, 42
収益性	132
収益性指標	133
収益配分額	143
修繕費	63
住宅手当	105
収入印紙	68
住民税	101
出荷基準	72, 82
循環たな卸	90
純資産	34, 42, 47
少額資産	112, 113
償却資産税	28, 69, 138, 139, 146, 147
証券保管振替機構	124
上場株式	124
消費課税	138
消費税	138, 139, 144
商標権	113, 119
商品	43
商品販売	72
商品別組織	18
商品別予算	127
消耗品	112
消耗品費	63
賞与	94, 102
剰余金	154
賞与引当金	43, 102
食事手当	105
所得課税	138
所得税	100, 138
所得割	143
諸費用	48
仕訳	35
仕訳帳	35
申告調整	140
真実性の原則	25
信用状	80
信用調査	77
ステークホルダー	44
ストックオプション	107
正規の簿記の原則	25
請求書	74
税効果会計	150
生産性指標	133
製造原価明細表	86
成長性	132
成長性指標	133
税引前当期純利益	49, 50, 51
税務申告書	28
税務調査	148, 149
生命保険年金	109
前月繰越高	121
総勘定元帳	35, 38
総合予算	127
倉庫費	62, 63
総資本利益率（ＲＯＡ）	132

総人件費	94, 95
租税公課	63, 68
ソフトウェア	113, 119
損益管理	86
損益計算書	35, 38, 41, 44, 48, 49
損益分岐点	130, 131
損益分岐点売上高	131
損益分岐点比率	130
損益予算	127

た行

大企業	143
貸借対照表	35, 38, 44, 46, 47
退職給付引当金	43, 103
退職金	63, 103
退職所得	103
退職所得の源泉徴収票	103
退職所得の受給に関する申告書	103
宅配費	62
タックスヘイブン対策税制	139
建物	43, 113
たな卸	90
たな卸差額	90
たな卸資産	84
たな卸資産台帳	85
たな卸付箋	90
単一性の原則	25
単式簿記	35
地域別組織	18
地域別予算	127
地代家賃	63
地方債	124
地方消費税	139
地方税	138
地方法人特別税	142, 143
注記表	44
中小企業	143
弔慰金制度	105
長期売掛金	113
長期貸付金	113

直接原価計算	86
直接調達	123
賃金	63, 94
賃借料	116
通信費	63
通知預金	56
積立年金	109
定額資金前渡制度	54
定額法	114, 119
低価法	88, 89
定期同額給与	106, 107
定期預金	56
定時株主総会	152
定率法	114
手形	58, 78
手形の裏書	79
手形の決済（期日落ち）	79
手形の割引	78, 79
適正在庫	84
デューデリジェンス	124
当期純利益	49, 50, 51
当期所得	143
当座比率	132
当座預金	43, 56
投資その他の資産	112, 113
投資有価証券	113, 124
投資有価証券売却益	49
投資予算	127
動力費	63
登録免許税	69, 138, 139, 146
特定公益増進法人への寄付金	69
特別決議	152
特別損失	49
特別徴収	101
特別利益	49
都市計画税	139
図書費	63
土地	43, 113
特許権	113, 118, 119
トップダウン型	126

都道府県民税	139
取締役	106
取締役会	18
取締役会規定	26

な行

内部監査	158
内部監査人	159
内部統制	156, 157
内部統制監査人	156
内部留保	155
日常管理	77
２０４条の源泉税	70
任意監査	158
任意調査	148
年金費用	94
年末調整	28, 100
納品書	74

は行

配当可能限度額	154
配当金	154
配当性向	154
派遣社員費	94
パスワード	22, 23
ハローワーク	98
販売管理費率	48
販売調査費	63
販売手数料	63
販売費及び一般管理費	49, 142
販売・物流システム	73
反面調査	149
引当金	102
引渡基準	72, 82
ビジネスモデル	16
一株指標	133
費用	34, 42, 48
評価損失	124
標準原価計算	86
標準単価	88

標準報酬月額	28, 98
ファイナンスリース	116
ファクタリング	78
付加価値税	144
付加価値割	143
複式簿記	35
福利厚生費	67, 94, 104
負債	34, 42, 46
負債調達	123
普通徴収	101
普通預金	56
物流費	62
不動産取得税	69, 138, 139, 146
部門別予算	127
フルペイアウト	117
ブレイク・イーブン・ポイント	130
不渡り	78
ベンチマーク	132
変動経費	64, 65
変動費	130
報酬	70, 71
法人事業税	138, 142, 143
法人住民税	138, 142
法人税	138, 139, 140
法人税額	142
法人税等	43, 49
法人税等調整額	150
法人税法	25
法定外福利費	104
法定監査	158
法定調書	28
法定福利費	63, 104, 108
保険料	63
募集費	94
保守主義の原則	25
ボトムアップ型	126

ま行

みなし控除率	144
未払金	43, 82

未払費用	82
無形固定資産	112, 113, 118
無償・低価	68
明瞭性の原則	25
持家支援制度	105

や行

役員賞与	155
役員報酬	94, 106
薬事法	159
有価証券	124
有価証券明細票	125
有形固定資産	112, 113
輸出管理	159
翌月繰越高	121
予算	126
予算管理	128
予算実績対比	128
与信管理	76, 77
与信限度額	76

ら行

リース	116, 117
リース資産	116
リース料	63
リードタイム	84
利益	48
利益剰余金	43
利益率	48
利益連動給与	107
リスクコントロールマトリクス	157
リスクマネージメント体制	156
流動資産	47, 112
流動比率	132
流動負債	47
旅費交通費	43, 62, 63
臨時株主総会	152
連結決算	134
連結決算書	134
連結財務諸表原則	134

連結消去	134
連結消去仕訳	135
レンタル	116, 117
労災保険	98, 105
労働基準監督署	98
労働保険	98

欧文

Action	14
Balance Sheet (B/S)	44, 46
BEP	130
cash in advance	81
Check	14
Do	14
ID	22, 23
IR	152
ISO	159
ISO14000（環境）	159
ISO9000（品質）	159
ISO監査	159
ISO認証	159
Letter of Credit (L/C)	80, 81
PDCAサイクル	14, 128
Plan	14
Profit and Loss Statement (P/L)	44, 48
ROA	133
ROE	133

近藤　仁（こんどう　ひとし）

一貫して経理財務の実務責任者を担当し、長年にわたり経理財務部門を統括した経験をもつ。予算編成の企画部門や会計システム開発なども担当。現在も経理財務部門や企画部門の第一線に立ち、実務を指揮する。元オムロン㈱理財部長。ワタベウェディング㈱管理本部副本部長（現在）。主な著書に『経理部長が新人のために書いた経理の仕事がわかる本』（日本実業出版社）、『会社経理実務辞典』『すぐに役立つ経理・財務実務全書』（共同執筆、日本実業出版社）などがある。

高橋和徳（たかはし　かずのり）

税理士・米国公認会計士。オムロン㈱に17年間勤務後、2009年1月に高橋和徳税理士事務所を開業。オムロン㈱では主として財務部に勤務。うち、5年間はシンガポールのアジア・パシフィック地域本社でファイナンシャルコントローラを経験した。これらの経験を生かし、現在は税理士として中小企業向けに経理のサービスを提供している。

装幀	石川直美（カメガイ デザイン オフィス）
装画	弘兼憲史
本文漫画	フクダ地蔵
本文デザイン	ブッシュ
DTP	中央制作社
編集協力	ヴュー企画（池上直哉　野秋真紀子）
編集	鈴木恵美（幻冬舎）

知識ゼロからの経理の仕事

2010年9月10日　第1刷発行

著　者　近藤　仁　高橋和徳
発行人　見城　徹
編集人　福島広司
発行所　株式会社　幻冬舎
　　　　〒151-0051　東京都渋谷区千駄ヶ谷4-9-7
　　　　電話　03-5411-6211（編集）　03-5411-6222（営業）
　　　　振替　00120-8-767643
印刷・製本所　株式会社　光邦

検印廃止

万一、落丁乱丁のある場合は送料小社負担でお取替致します。小社宛にお送り下さい。
本書の一部あるいは全部を無断で複写複製することは、法律で認められた場合を除き、著作権の侵害となります。
定価はカバーに表示してあります。
© HITOSHI KONDO, KAZUNORI TAKAHASHI, GENTOSHA 2010
ISBN978-4-344-90198-8 C2033
Printed in Japan
幻冬舎ホームページアドレス　http://www.gentosha.co.jp/
この本に関するご意見・ご感想をメールでお寄せいただく場合は、comment@gentosha.co.jpまで。